表达力 手绘图解版
别输在不会说话上

速溶综合研究所◎著

人民邮电出版社

北京

图书在版编目（CIP）数据

表达力：别输在不会说话上：手绘图解版／速溶
综合研究所著. -- 北京：人民邮电出版社，2018.1（2023.3重印）
ISBN 978-7-115-46601-3

Ⅰ．①表… Ⅱ．①速… Ⅲ．①语言艺术－通俗读物
Ⅳ．①H019-49

中国版本图书馆CIP数据核字(2017)第183725号

内 容 提 要

在现代的职场生活中，80%的事情大都毁在了不会表达上。你知道如何表达自己才能让人信任你吗？你知道如何通过表达来避免职场中的冲突和突发状况吗？你知道如何表达才能更有效地与对方沟通吗？

清晰的表达不仅是一种个人才能，还是关系到工作效率的一项才能。表达对了，事就成了。一个说话得人心的人，别人对他的评价往往会更好；一个不会表达的人，纵有万千才华却也可能会处处遇到阻碍，得不到认同和理解。

本书共分七章，用49个小技巧来告诉大家如何才能让你的表达更有魅力，让你快速掌握交流技能，收获信心。

◆ 著　　　　速溶综合研究所
　　责任编辑　李士振
　　责任印制　周昇亮

◆ 人民邮电出版社出版发行　　北京市丰台区成寿寺路 11 号
　　邮编　100164　　电子邮件　315@ptpress.com.cn
　　网址　http://www.ptpress.com.cn
　　北京虎彩文化传播有限公司印刷

◆ 开本：880×1230　1/32
　　印张：7　　　　　　　　　　2018 年 1 月第 1 版
　　字数：258 千字　　　　　　2023 年 3 月北京第 13 次印刷

定价：39.80 元

读者服务热线：(010)81055296　 印装质量热线：(010)81055316
反盗版热线：(010)81055315
广告经营许可证：京东市监广登字 20170147 号

本书使用上的小秘诀

谢谢大家喜欢本系列书籍，为了方便大家更好地使用本书，在阅读内容之前，先给大家介绍一下本书使用的几个小秘诀。

使用方法

在每一章的末尾我们都会为大家着重讲解一种思考方法。

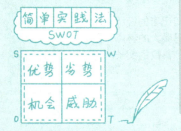

大家可以根据自己思考的内容进行填写，用来帮助大家思考。

使用上的小技巧

每一小节都有一个疑问回答小环节，带领大家一起参与讨论问题，让大家更有参与感。

可以反复使用

我们在"速溶综合研究所"的网站上为大家提供了打印版本，供大家下载使用。

更多精彩内容

关注"速溶综合研究所"微信公众号，更多更新更有趣的"速溶"知识在等待着大家。如果在阅读图书的过程中有不理解的地方，也可以在公众号上进行提问，定期会有研究所的成员为大家解答。

比基涅斯博士

性别：男 年龄：55岁

速溶综合研究所的研究员，专攻社会学。常年带着助手到不同的地方去考察，喜欢在随身携带的手账上记录各种细节。最近对于社会人的自我启发产生了兴趣。最喜欢的身体部位是胡子。

艾 玛

性别：女 年龄：25岁

比基涅斯博士的得力助手。由于有新闻记者的经历，所以对于现场的确认特别执着。认真是艾玛最大的特点，所以她说话比较直，但她是个内心非常淳朴善良的女子。

小 广

性别：男 年龄：23岁

刚入公司一年的小职员。在大学里没有过社团活动的经验，所以在社交方面不是很擅长。遇到困难时爱独自想象情景，不过最终还是会回到现实。他虽然在工作上也容易纠结，但是也很喜欢动脑筋，遇到挫折总能找到战胜的方法。

小 星

性别：男 年龄：28岁

在职6年，是小广所在部门的前辈，也是林组长得力的助手。平时性格开朗，乐于助人，经常帮助公司的其他同事。喜欢将自己的有效工作经验与大家分享，受到大家的喜爱。

小 步

性别：女 年龄：22岁

与小广同一年进公司，座位在小广的正后方。擅长Ｅｘcel等办公软件，非常乐于在这方面帮助同事。由于重视团队精神，当部门成员在一起讨论问题的时候，她经常积极发言。

公司里的同事

小池　　小泽　　林组长

小广公司里的上司和同事们彼此很和睦，经常在一起讨论问题，互相帮助。虽然他们各自的意见不同，但他们的意见成了小广在危急时刻脑洞大开的助力。

目录

第1章 带你认识表达力

第2章 为什么你总是找不到存在感

第**3**章 话太多容易
招人厌烦

第**4**章 摒弃杂乱无章的
表达

**第5章 如何优雅地对待
说明的对象**

**第6章 做一个有趣的
人吧**

第**7**章 提高表达力的小窍门

带你认识
表达力

我们常说："这个人很会表达。"但是"表达"的真正意思你真的清楚吗？人们在表达时除了常见的语言表达以外，身体、神态、文字等都是一种表达的方式。

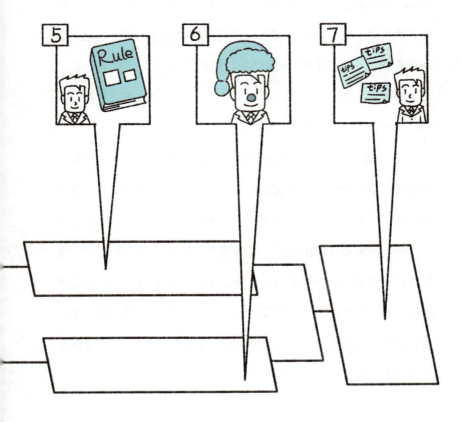

你会表达吗？

　　看到"表达力"三个字，很多人脑海中的第一感觉就是——表达力就是会不会说话，口才好不好。其实，表达力涵盖了很多领域：语言表达力、文字表达力、图形表达力、肢体表达力、色彩表达力等。这些表达方式都能传播自己的想法，拉近人与人之间的距离，汇聚不同的思想火花。所以，**表达力是把自己的想法、思路、情感、意图等，通过语言、文字、动作、表情等方式表达出来，便于让他人理解自己。**

　　在日常生活中，表达力通常指的就是语言表达力和文字表达力两种。语言表达力简而言之就是口才，无论做什么职业、在什么场合，一个"会说话"的人总能获得更多的关注。而文字表达力，就是指驾驭文字的能力，运用语言文字阐明自己的观点、意见或抒发思想、感情的能力。但是，不论是出色的语言表达力还是优秀的文字表达力，都需要冷静的大脑、敏捷的思维和一定的知识储备作为支撑。所以，当我们谈"表达力"时，并不仅仅是在讲"表达力"本身。

QUESTION 疑问

表述同一件事的时候，为什么有的人能引起听者的强烈反响，有的人却迟迟得不到回应？

表达不是一种单方面的行为。

表达是双方交流互动的一个过程。

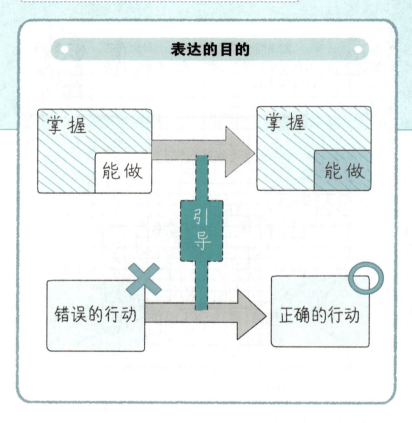

高超的表达力往往能起到四两拨千斤的作用，能够把想要对方采取的行动引导出来。

1.把想让他人掌握但不能做到的变成他人能够做到的

通常来说，老师们在这一点上做得很好。面对完全陌生的知识领域，学生们往往会表现得没有耐心，而老师却能通过循循善诱的表达方式，将全新的知识理念传达给他们。用设置阶段性胜

表达的方式有很多种。懂得表达的人不仅会说，还会恰当地利用表情、肢体动作等来给自己加分。

利的方式，把需要学生掌握的东西分成各个阶段性小目标，把原先他们不能做到的慢慢变成他们可以完成的事情。

2.把对方错误的行动变成正确的行动

同样地，老师们在帮助学生改正错误方面也不乏表达能力的体现。一个低年级的孩子不懂得保持课堂安静、秩序的重要性，随意地说笑打闹。为了纠正他这种不正确的行为，老师会使用形体表达方式——停止讲课，眼神严肃地看着他。之后再采用语言表达方式——直接指出他的错误之处并说出正确的做法，来引导学生"改邪归正"。当然，也可以使用文字表达方式——在批改这位同学的作业时写下他的错误行为，并表达自己对他的期望，这样显得更为柔和，学生也更容易接受。当然，这些方法同样也可以灵活地运用在其他的工作与生活中。

表达力实际上是多种能力的综合体现，所以大家在训练表达力的过程中，也要同时注意培养自己的其他方面的素养，并认真地琢磨和体会。

2. 表达力的 三个效能

　　思想的碰撞，靠的就是表达力，而表达力水平的高低也会带给我们不一样的效能体验。

　　马上就要进行工作汇报与讨论了，小广经过一番精心准备，将几个月来的工作罗列成七八个方面，内容详细准确，有理有据。会上，他照稿一口气顺利讲完，时间也把握得刚刚好。本以为会给大家留下深刻的印象，可大家的反应却出乎意料的冷淡。相比之下，小泽的工作汇报虽然漏洞不少，表达得也有些含糊不清，但同事的发言却十分踊跃，有人指导，有人调侃，现场气氛非常活跃。对此，小广很是困惑。

　　表达不是唱独角戏，认清这一点非常重要。如果小广不是照着稿子自顾自地说，而是偶尔停下来，提出几个自己不懂的问题，请求大家解答，或者在汇报中留下明显的几处"不足"，引人发问，互动就会出现，会议也就不会冷场了。

　　所以说，**高明的表达不能仅仅只发挥"说明"的作用，还要实现与他人的交流，使各方都融入其中。**

为什么表达力强的人越来越强，而表达力弱的人会越来越弱？

表达不是唱独角戏。

要注意与他人交流，让各方融入其中。

三个效能

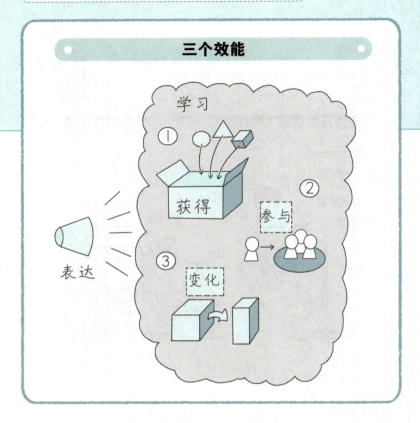

　　表达能够发挥的作用多种多样，诸如说明事实、表达自我、增进感情等。但这些只是简单的表层作用。要想让你的表达力发挥出最大的功效，你需要了解表达力的三个深层次效能。

1.能在表达中"获得"

　　表达力强的人，能成功地调动自己身体的各个部位，让对方明白自己的意思，以此让对方充分理解并收获其中的知识、情感

表达也是一件熟能生巧的事情，要在不断的试错和反省中，得到一点一滴的进步。

体验等。同时，也能够更好地获得他人的认可，进而分享到他们反馈回来的知识、智慧和财富等。

2.能在表达中"参与"

强大的表达力是你和他人沟通的桥梁；也是催化剂，能让他人在迅速理解你的表达之后，快速参与到你的话题中来。这能够帮助对方更好地了解你，并使你能够进入对方的圈子，产生一种大家同舟共济的良好感觉。

3.能在表达中"变化"

日新月异的社会要求每个人不断地调整、改变自己。表达引起交流，交流产生信息交换，信息交换导致各方的思维和行为方式的改变。你的表达可能会改变别人对事物的看法、改变别人的观念甚至生活方式。同样，别人的表达也可能会极大地影响你。世界因此而变得复杂和精彩。

所以说，深入认识表达力的作用之后，你不难发现，表达并不是简单的"付出努力"，而是值得好好挖掘的巨大"宝藏"。

每天的生活 = 表达的连续

不要认为只有面试、演讲的时候才是表达力发挥功效的时刻。其实，生活中的点点滴滴都渗透着表达，一个会表达的人在生活中往往会顺利很多。

在生活的一点一滴中锻炼表达力，会产生事半功倍的效果。因为很多时候，我们的表达都是随意而不假思索的，而当我们开始有意识地去训练自己时，表达力的提升便能很快得到回馈。和家人对话时，预先在心中斟酌一下表达方式，或许一些不必要的小争执就会悄然不见，比如，把"妈！这汤怎么这么咸呀！"换成"妈妈，咱家盐罐子打翻咯……"是不是更加柔和一些呢？家庭生活也许就会变得其乐融融。

许多人在职场中都不是很有自信，表达时总是不能清楚地将自己的意思有效地传递给对方；就算说出来了，也往往缺少说服力或影响力。实际上，表达力绝大部分并非天生，而是后天锻炼的结果。那么，既然所谓的"会说话"的人多是后天养成的，我们一般人自然也可以通过有效的方法强化自己的表达力。

为什么我每天说了很多话，还是无法让别人完全理解我的意思呢？

不假思索的表达会让气氛变得尴尬。

合适的表达能让一家人其乐融融。

在学校或者家里都没有人教你怎么表达，所以步入社会后就要靠自己去摸索。

从小到大，父母长辈在家里教我们生活的常识和做人的道理，老师在学校传授我们科学文化知识，但没有人教我们如何去表达。这并不奇怪，在家里我们最重要的是听话，在学校里我们的首要任务是读书，所以在表达方面缺乏相应的训练。学校与

无话可说时不说话，有话可说时说重点。这样做的好处是不会让自己的思绪混乱，也不会误导听者的焦点。

家庭的氛围相对简单，对表达能力的要求也不高；社会则复杂得多，表达能力的高低对我们的影响是直接而不容忽视的。如果不能及时掌握社会人的表达方式，我们往往容易吃亏，不受待见，甚至可能会引来威胁到工作的大麻烦。

所以，为了应对复杂社会给我们带来的影响，我们必须不断学习并提高自己的表达力。很多职场新人也是在踏上工作岗位后才突然意识到表达的重要性，才开始摸索学习和提高表达力的方法。我们可以从书中学习各种方法、技巧并实践，也可以模仿善于表达的人说话，还可以经常试着向身边的人讲故事……**不管采取何种方法，要记住的是，生活是最好的老师。实际生活中会有各种各样的情况挑战你的表达能力，你要做的就是不逃避，认真应对这些挑战，然后从中汲取宝贵的经验。**

4 表达力强与表达力弱的表现

表达力的强弱与思维逻辑、知识结构、自信与否等各种因素都有着千丝万缕的联系。一个表达力强的人，能清晰地将所思所想传递给他人，让沟通的过程变得十分顺畅。而表达力弱的人，即使胸有丘壑万千，也难以用语言表达出来，十分可惜。

举个例子，对同一场交通事故，表达力强的人在叙述时也许会这样说："当时是傍晚5点半，正是晚高峰时段，两辆事故车辆都是由南向北在××路上行驶。红色A牌汽车正常直行，银色B牌SUV从旁边车道快速超车后又突然放慢速度，红色车躲闪不及，追尾了银色车。"而表达力弱的人往往会在表达的过程中掺杂太多冗杂的信息，使最主要的信息淹没在大段的话语中，给听者带来很大的理解障碍。

其实，语言表达的目的就是通过说话来让对方明白你的意思。因此，**语言表达的强弱并不在于你说了多少，而在对方能理解多少**。当然，拥有足够的语言储备和灵活机动的能力也十分重要。

我经常看书、看电影、看演讲，可表达力怎么还是没什么进步呢？

清楚的表达能让听者迅速理解到位。

时间是……地点是……事情的经过是这样的……

不清楚的表达会给听者带来理解障碍。

好像是这辆车先……呃……又好像是后面那辆车先超车……后来就撞上了……

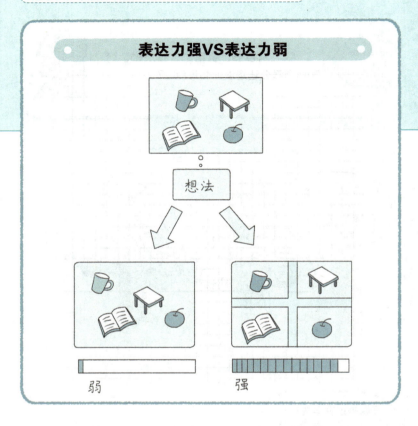

所谓表达能力强就是指一个人能够将心中所想，通过口述的方式清晰、全面、细腻地呈现给听者。而表达能力弱的人，即使心中有万千种想法，依然无法让对方明白自己。

表达力的强弱与文化知识、社会阅历、性格特点等都有着很大的关系。通常，那些知识储备丰富、阅历丰富、性格开朗自信的人，表达力会强一些。

看到的或听到的知识或技巧，如果不加以运用的话，是毫无价值可言的。应该在日常生活中有意识地与人交流，多进行实战演练。

　　但也不可一概而论，因为生活中我们常常遇到那种思维很活跃但却拙于表达的人，也许我们自己就是这样的人——"我觉得自己的理解力挺强的，别人说什么我都能一下子领悟；但语言表达力却很弱，心里知道应该讲什么，却始终无法用语言表达出来，太令人着急了！"

　　面对这种情况，首先自己不要畏惧，不要在潜意识里就把自己定位为"表达力弱的人"，而是应该有意识地多与周围的人交流，每天锻炼自己的概括能力，自信地开口去说，时间长了必会有进步。还可以多看一些书、电影、名人演讲，增加知识量。新闻报道也是可以学习模仿的模板，因为新闻语言偏向于简明扼要的风格，长期学习这样的思维模式和表达方法，很可能会让你变成一个言简意赅的意见领袖呢。

教你如何
恰当地表达

拿出你的笔，一起动动手，动动脑

看完前面的小节，你可能始终有一个疑问盘旋在心头——我究竟是属于会表达的人，还是属于不会表达的人呢？

每个人对自己的评价都或多或少地带有主观色彩，因此，你可以对照我们给出的参考标准，来判断一下自己是不是一个表达力强的人。

首先，仔细想想自己在日常生活中的表达方式，是不是存在压力大、声音小、语速快、语句混乱、专业术语多等问题，这些都是不会表达的显著表现。表达时的态度和缓与否，语音语调语速合适与否，用词恰当与否，都直接关系到对方对你的理解。表达力强的人会根据主题内容、对方所扮演的角色、对方的反应等因素来选取合适的表达方式，让听者在短时间内就能理解话语中的意思。而表达能力弱的人，经常会因为思绪太多而出现语句混乱、逻辑不清、话语冗长等问题，或因为太专注于自己的专业领域而出现大量的晦涩

对话的意义

术语，让听者不知所云，甚至反感。

那么，究竟什么样的表达方式是恰当的呢？

一个会表达的人在说话时，语气一定是礼貌的，同时要点明确，会体谅对方的心情，懂得倾听对方的疑问。用一句话概括，就是**会站在对方的立场想问题**。

首先，他们会以对等的立场对待对方。无论双方的身份地位、知识水平有何差距，会表达的人总能找到一个合适的平衡点，以一种平等的姿态去应对。这样的人不会给对方造成心理上的压力，也不会令其反感，这样有利于谈话内容的表达，让双方专注于谈话的内容。试想，谁不愿意与一个没有架子的人聊天呢？

其次，在把握对方到底希望了解哪些未知情况以后，会有针对性地进行说明。会表达的人同时也一定是会观察的人，他们会注意收集对方给予的各种反馈，对于对方表现出的迷茫和不解，会不动声色但有针对性地进行说明。既保证了对方能够理解，也给对方留足了面子，同时还让自己有更多的余地将表达进行下去。

最后，会表达的人能明白对方的感受。不是说他们天生就有如此的才能，这也是在不断的实践与失败中得来的经验。用同理心去揣测对方的心理，设身处地地为对方着想，那么明白对方的感受就会变得比较容易。而只有以明白对方的感受为前提，才能抓住表达的重点，在知己知彼的情况下获得最佳的表达效果。

一起讨论关于表达力的小经验吧！

看了这一章的内容，你是否意犹未尽呢？表达力的旅程才刚刚开始，还有更多有趣的内容等着你去发现。

扫描右边的二维码，让我们一起开始一段美妙的学习旅程吧！

简单实践法
教你如何恰当地表达

　　会表达的人会站在对方的立场想问题。为自己列一个表达力的checklist（检查清单），经常检查并判断自己是否做到了这些。

表达力 checklist

是　否

1. 是否以对等的立场对待对方 ☐ ☐

2. 是否把握对方的认知范围 ☐ ☐

3. . . . . ☐ ☐

4. . . . . ☐ ☐

第2章 为什么你总是找不到存在感

很多职场新人都会苦恼于在和大家的交流中找不到存在感。到底怎样才能增强自己的存在感呢？在这一章我们就来解答这个问题。

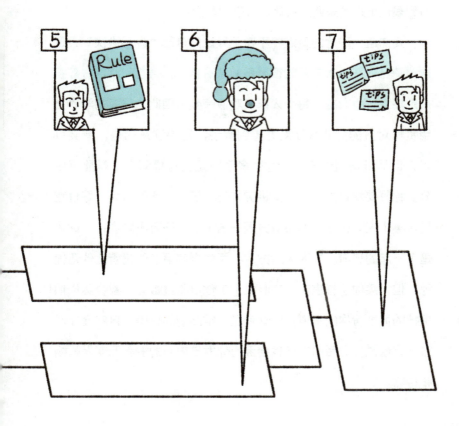

让对方感到喜悦的表达

　　为什么自己分明已经说出了心中的看法，但总是收获不到相谈甚欢的局面呢？原因在于，表达时只着眼于"我"了，没有考虑到表达出来的东西是否让对方感到喜悦。

　　要知道，表达的重点并不在于只让你自己"说得愉快"，**适当地使用一些让对方感觉很舒服的表达技巧，会让对话双方都能从这场交流中获益**。每个人都喜欢被夸奖，因此，很多初学者会用赞美对方的方式来让对方感到喜悦。需要注意的是，夸奖可以，但尽量别超过三句，称赞多了不是显得虚假，就是显得生分。称赞要发自内心，但要讲究技巧。赞美对方的行为，好过直接赞美个人。比如，如果对方是一名记者，千万不要说："你真是了不起的记者。"因为对方的心里知道有更多的记者比他还优秀。但如果你这样表达："我每个工作日路过报摊，都会买你们报社的报纸看你的报道。"这就是非常高明的赞美，自然会让对方十分愉悦，之后的交流也会因为你发自内心的赞美而变得顺畅和自然。

QUESTION 疑问

很多人似乎对别人的赞美并不买账。赞美的方式是不是过于谄媚了呢?

说对方想听的话

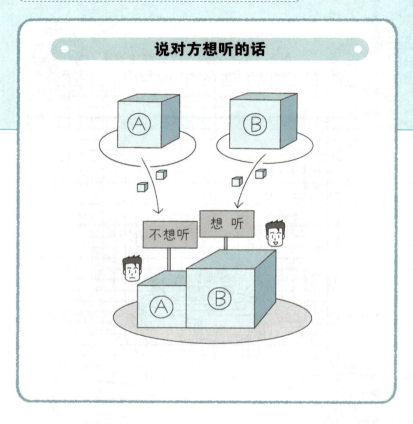

不被喜欢的表达是说自己想说的东西，而被喜欢的表达是为了对方而表达。

大部分人在聊天时，都会选择那些自己比较擅长的部分，那么，只要把对方提出的问题抛回给对方，对方就会很喜悦，你也会乐得清闲。你只需要加入一些"是吗？""之后发生了什么呢？"这个话题就可以聊很久了。你不懂没关系，没有什么比告

其实大部分人都是喜欢听好话的，关键在于要用对方法。要多从身边交际能力强的人身上学习，并加以实践。

诉一个不懂却很有兴趣听你说你擅长的事更让人感到开心和有成就感了。在交流中，要避免做结语，学会把话头丢回给对方，让对方感受到被重视的喜悦。举个例子，在一场同事间的饭局中有人问："昨天的比赛看了吗？"你如果回答一句"我对体育不感兴趣"，那么这种表达就把气氛给聊僵了；不如换一种表达——"最近我没怎么关注，昨天是哪两个队比赛呀？"

记住这个法则：人们永远对他们自己感兴趣。因此，在表达中你表现出对他们的好奇心就可以了，以此为切入口，会让整场表达都在融洽的氛围里进行。

除此以外，我们还可以使用一些小技巧，比如幽默。真正做到幽默并不是一件易事，但这也是让别人喜欢你的一个重要因素。

需要明确的是，每一次表达都应本着真心的原则，这样才能让对方感受到你的诚意。真心交流也并不是说要全部坦诚，保持好一定的距离，真心待人、真诚对话就行了。

不擅长表达
只是因为懒

很多时候，人们会有"词穷"的情况出现，也许是因为在不熟悉的人和事面前选择缄口，也许的确是无话可说。人们将这些都称作"不擅长表达"。为什么会这样呢？

首先反思一下，是不是自己的性格就是内向腼腆型的？也许你的内心有很多想法，但不愿意在公众面前表达出来，或者是因为即使说出来也难以取得好的效果，久而久之也就不再愿意表达了。这其实是一种习惯性的懒惰。

还有一种原因：不是你不想表达，而是实在不知道说什么才好。这种情况才是最需要引起重视的。因为，性格是没有优劣之分的，只是不同的性格对应不同的生活方式罢了。但是，如果你是思维上懒惰的话，就会使自己的想法越来越少，渐渐成为人云亦云、缺乏创造力的人。在这样快节奏的创新型社会中，懒得思考、不会表达的人，是很容易被时代淘汰的。

所以，**克服懒惰很重要，只有思维活跃起来，表达才会充满生气，富有打动人心的感染力**。

我并不是不想表达，而是怕说错话。那么应该如何越过这种不敢表达的障碍呢？

习惯性懒惰

思维懒惰

表达之前先思考

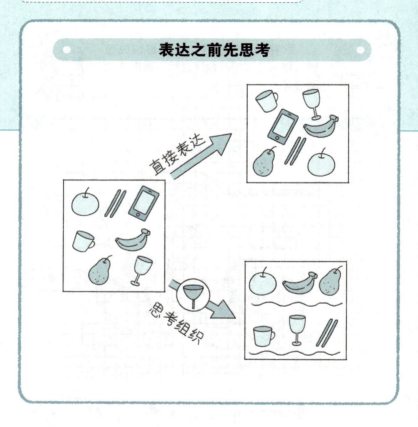

　　在说话之前如果不假思索的话，表达能力自然会很差。**学会在表达之前想好即将表达的内容，并思考如何组织语言**——如何开头、如何转折、如何收尾等等，如线穿珍珠一样，将内容从头到尾按照表达的顺序一一连接起来。这样，上一部分的内容讲完时，下一部分的话也会自动被带到嘴边，表达的效果能够得到显在思考再三并组织好语言之后，不妨大胆地说出来，这样你语言表达能力才能在实践中得到提高。

著的提高。

在表达之前，先在心中忖度一下要说的话，让你的每一次开口都获得一次小小的成功。久而久之，你也会渐渐走出"我不擅长表达"的怪圈了。

说出去的话，如同泼出去的水。因为表达不当而导致误会的情况每个人都经历过。如果在说话之前略微思考一下后果，就可能会换一种说法或者干脆不说，把说错话的概率降低到最小。

打腹稿是表达方面的一个很好的习惯，如果表达时习惯于不经大脑思考，长此以往，说再多的话也不能提高表达力。在开口之前把要表达的东西在心中过一遍，做到心中有数，才能表达得更为精准。

3. 借助客观事物来表现你的热忱

要知道，生活中的每一次表达都是重要的。你的对外形象、他人对你的价值判断、你与外界的人脉联系……这些都建立在一次又一次的表达中。在与不同人的交流中，我们需要让对方感受到我们的热忱。

要做到这一点，**首先要表现出你的真诚；其次，不能一味靠着"说"去表达，辅以一些肢体语言或结合一些客观事物叙述，会显得更有说服力。**

除了语言之外，人的面部所拥有丰富的表情变化也是表达的"得力助手"。同样的话在不同的神情下说出来会有不同的效果，对不同的场合也需要用不同的神情去表达和交流。

同样，肢体语言也很重要。躯干、手脚、头部的动作，都能反映你的内心感受。比如在承诺他人时，有力地拍一拍自己的胸口，无疑能很好地表现出你的决心。但要在适当的时候做适当的动作，如果小动作太多，比如频繁地抖腿或是说话时东张西望，这样只会引起人们的反感，对你的认同也就无从谈起了。

QUESTION
疑问

利用"动作语言"来表现热忱的方法，会不会显得有点太夸张了？

嗯，好。

方案

用恰当的"动作语言"给自己和对方增添信心。

没问题。保证完成任务！

方案

主观+客观才是热情

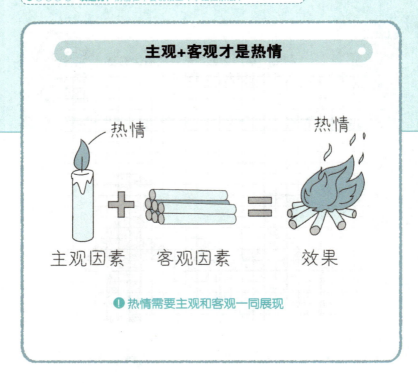

热情

主观因素　　客观因素　　效果

❗热情需要主观和客观一同展现

　　在表达的过程中，**想要别人了解你的热情，不要依赖主观因素，要以客观事实作为你的依据。**

　　直接把对一件事情的热情传达给对方并不容易，"我很喜欢""我很努力"这种话通常显得有些空洞，站不住脚，远不如客观表现来得有效。举个例子，一个喜欢打篮球的人不用口口声声说"我热爱篮球"，他的穿着和言行举止，就能向周围的人传达出自己对篮球的热爱。很多时候，这样的热情显得更有说服

在借助客观事物来表达的时候，要把握其中的度，否则会给人不符合客观事实的感觉。

力，也更有感染力。

另外，在传递热情的时候不要直接把主观感受说出来，而应该将自己的体验与客观事实组合起来表达。相比"我很喜欢帮助灾区"，"我作为志愿者在灾区服务了3天3夜"所传递出的热情就要真实得多。

因此，结合自己的体验，把当时的感想与事实融合在一起来说明，更容易让对方感受到你的热忱。

如何表扬对方

　　表达的高层次就是能做到"宾主尽欢"，即说的人开心，听的人也开心。在表达的过程中，我们倡导用表扬对方、赞美对方的小技巧来为交流增色。这并不意味着要一味地去讨好和献媚，要知道，一切的技巧都是为内容服务的，表扬对方是为了更好地交流，而非为表扬而表扬。

　　在表达的过程中，试着自然而有针对性地赞赏对方。例如，与同事讨论策划案，在肯定策划案细致可行的时候，很自然就能联系到做这份策划的同事付出了心血——"你考虑得很周到，一看就是专业人士的手笔呢。"类似这样的一句表扬，会一下子让对方心中充满暖意。**值得注意的是，在这句赞美中，你赞美的是这位同事的行为，而非其个人**。肯定一个人的行为会让对方产生惺惺相惜之感，因为他背后的努力都被你感知到了。而如果只是赞美他这个人是多么细致认真，会显得有点流于表面，那么赞美所起的效果也会因此而打上一定的折扣。

QUESTION 疑问

不知道该如何针对不同的人群来选择不同的表扬方法，怎么办？

嗯，你做事很细致认真。

你的策划考虑很周全，一看就是专业人士的手笔呢！

有针对性地表扬

! 有针对性地表扬才能让对方心情愉悦。

如何在表达中恰到好处地给予对方赞美呢？

我们应该学着做个有心人，**先观察对方想要被表扬的地方在哪里，然后再去表扬**。

在表扬对方之前，对他的基本情况应该稍作了解，比如对方的优点和长处、缺点和短板等。同时还要熟悉对方的兴趣爱好、性格品质等，这样才能有效地避免表扬内容空泛的情况发生。

要对对方进行细致的观察，在了解了对方的性格和感兴趣的点之后，再有针对性地进行表扬。

　　有了这些了解，我们就可以有针对性地去表扬那些对方自豪的事情。每个人的生活中都有一些让他们自豪的事，真诚地赞美这些事情，可以让你更好地贴近对方的生活和思想，也更容易让对方接受你的赞美，感受到你的真诚。一位教师，最乐意看到别人称赞他的得意门生；对于一位默默无闻的母亲，可以称赞她的孩子有出息；对于一位老人，可以赞颂他一生为事业鞠躬尽瘁……这样"私人定制"的表扬，一定能让对方如沐春风。

　　在表扬对方时，千万不要把对他（她）的赞美夸大化，应该以事实为依据去评说，以免变成虚伪的阿谀奉承。把握好分寸和时机，做到适可而止，不要因为刻意表扬对方而偏离了原本的交流主题。

熟悉的事物比较好懂

　　表达中忌讳使用生僻晦涩的字眼，以及过于专业的词语。有时候，由于我们自己长期的工作环境或表达习惯，说话时会不经意地说出一些专业性很强的词。这就好比一个留学多年的人回国后，喜欢使用中文夹杂英文的表达方式一样。殊不知，这样的小习惯会给对方带来理解上的障碍，也会给整场交流带来负面影响。因此，**最好尽量以大家日常使用的口语来表达，用熟悉的事物来沟通，** 这样，听的人不但容易接受，也会很有亲切感，才会促成更好的交流效果。

　　举个例子，4S店的工作人员在向顾客介绍商品时这样说："这款车体积很大，所以很多人会担心不容易操控。但其实，由于本车是美规车，所以驾驶起来是非常轻松的……"

　　也许这位工作人员是销售进口车的专业人员，习惯于用一些"美规车"之类的专业术语，所以在面对顾客的时候自然地就将其挂在嘴边。这些术语如果用在同行之间，可以节省时间，提升效率，但用在向顾客介绍商品时，却很容易使对方产生困惑。

如果不向对方展示自己所掌握的专业术语，对方会不会认为我没有良好的专业素养呢？

使用日常语言和日常事物来表达

　　有的人在工作场合为了表现自己的专业知识或外语能力，总喜欢在说话时穿插一些高深的专业术语或外语，之后再大费周章地向对方解释这些词的含义。他们会沾沾自喜地认为，自己水平很高，才会使用这些一般人听不懂的用语。殊不知这样的表达方式会扰乱交流本身，降低对方对你说话内容的兴趣，还会让对方觉得你是一个骄傲、爱显摆的人。

把专业术语以便于理解的方式表达出来，深入浅出，才能被称作真正的专业素养。

并不是说使用专业术语就一定不可取，在专门的学术场合或职场，使用这样的词语无可厚非。**但在一般的交流表达中，用语越普通越好，这样才能让对方充分并且快速地了解你想要表达的意思。**

很多时候，当我们要介绍一个对方完全不熟悉的领域时，可以采用类比的方式，也就是把不熟悉的事物转化为熟悉的事物，以方便对方理解。例如，在与孩子解释吃洋葱的好处时，可以说："洋葱可以清除你血管里的杂质，就像给你的身体内脏洗澡，把脏东西都冲下来。"这样的表达技巧，不仅能很轻松地将重要的信息传达出来，也会让对方觉得好理解、好接受。

求人与约人的时候如何表达

简单的表达，普通人都会"说"。但涉及求人、约人等一些似乎难以开口的场合，"会说话"就成为一件有一定难度的事情了。在这些情况下，表达力的高低决定着事情是否能成行。

所以，在求人与约人的时候，第一要务就是要有针对性，不要让对方觉得不知所云。我们可以开门见山，直奔主题。每个人的时间都很宝贵，说话、表达要讲究效率。尤其是我们在求人或约人时，更应该为对方着想，不要过多地说与主题无关的东西而让对方感到迷惑。

此外，我们还应该注意自己的言行态度。人与人之间的误解和矛盾的产生常常是因为不够尊重，我们在求人时的表达如果出现了态度偏差，不仅办不了事，还可能适得其反，失去对方这样一个朋友。

需要注意的是，无论是求人、约人还是对某一问题进行阐述，说话用词准确无误都是必需的。模棱两可或含糊不清的话语都会让人摸不着头脑，让人感到不解甚至反感。

QUESTION 疑问 　在求人约人的时候，怎么克服自己胆怯的心理呢？

吃饭了吗？你平时业余时间都做些什么呢？你周末有没有空？

这个人好啰嗦！

前天有部新电影上映了。豆瓣评分非常高，周末一起去看吧！

真的吗？好呀！

了解对方的心理

❶ 了解对方的心理之后再去求人。

　　求人与约人时要了解对方的心理，把求助的理由说清楚，这样才能更好地实现我们的目的。

　　开口之前，先了解一下对方的心情如何，情绪状态是否稳定，是不是知道你的目的并有兴趣等。做到心中有数，可以让你在说的时候有所侧重，表达得更为清楚。

　　然而光是懂得对方的心理还不够，**求人、约人的时候，真正**

有备而来和开门见山会增添你的自信。所以要想出充分的理由，并大胆地告诉对方。

能够打动对方的是你的理由，这是你的"杀手锏"，因此要让对方完全明白你真正的意思。此时的语言表达一定要简明扼要，同时要有诚意，不粉饰、不做作，尽量用最自然的语言把话说得通俗易懂。

很多人信奉"万事不求人"或"求人不如求己"的原则，认为向别人求助是一种无能的表现。其实，这种想法是很片面的。生活中的任何事情，本质上都是靠着人与人之间的交往与互助来完成的。所以，在求人与约人时，可以稍微放下你的"面子"，拿出热情和执着来，让对方看见你真正的需要。要时刻记住，求人的最终目的是"解决问题"。

打破尴尬的
小段子

生活中，我们会有很多与陌生人认识的场合，如饭局中初次相见、旅途中遇到驴友、联谊中结识相亲对象……在关于对方的背景全无了解的情况下，应该怎样打破尴尬，制造出彼此的亲切感呢？

"良言一句三冬暖，恶语伤人六月寒"，尊重对方是暖场成功的前提条件。 参加商业聚会时，选择一些看上去有意思的人，然后走过去跟他们交谈。你可以用："我初来乍到，谁都不认识。你能给我介绍一些人认识吗？"作为开场白。大多数人会因为你向他求助而感到高兴，并且会十分乐意把你介绍给别人。

陌生的社交场合，可以先用一些"投石"式的问题作为暖场的手段，如在聚餐时见到陌生的邻座，便可先"投石"搭话："主人是我的中学同学，他上学那会儿和现在一样口才好。你呢？你和主人是同事呢还是同学？"这样，无论问话的前半句对，还是后半句对，你们都可循着对的一方面交谈下去了。

QUESTION 疑问

在与陌生人相见的场合，如何打破尴尬的局面呢？

建立听说双方的共同点

在职场中，人际关系是相对公开化的，我们只要稍加留意就能发觉人们的喜好。有时候打破尴尬往往只需要一句话、一个善意的招呼，或是一句闲聊的话语，甚至只是一点点的随手帮忙。我们可以试着这样做：

1.刚开始说话的时候就把自己的气场表现出来，能让表达更顺畅

用语言表达来破冰的话，需要让自己的气场变强。也就是让

选择一些有意思的人，在尊重对方的前提下，找到你们的共同点，从而打破僵局。

自己处在自己最容易表达的氛围中，这样一来，你就可以自信地专注于关系的改善，而不是过于在意一边斟酌思考一边开口应付了。不要因为主动开口而显得尴尬，相反，是你率先出手去解决这样的人际问题，你应该是充满底气的。拿出你的气场来才会有更好的结果。

2.建立起听者和听者之间、听者和说者之间的共通点

在自己与对方之间架起一座桥梁，共通点是一个很好的突破口。如果有共通点，会更容易打开话题，表达会更顺畅。例如，找到老乡、"准妈妈"、大学校友等这样一个共同话题，一下子就能让双方进入角色，关系也就能得到拉近。

同样，这些小段子除了可以暖场，让双方关系变得更近之外，还有收集情报的作用。通过交谈，你可以更好地了解对方，而随着了解的深入，你会发现之前的很多问题也许是因为误会而产生的，现在看来是多么的不值一提。而且掌握更多的信息后，更能准确地掌握对方的喜恶，也能更好地扬长避短。

教你如何进行
自我介绍

拿出你的笔，一起动动手，动动脑

　　自我介绍，其实是表达的基本功了，也是当众讲话场面中必不可少的环节。古人云："知人者智，自知者明"，可想而知，要想给自己一个准确的定义，可并不是一件容易的事呢。一段短短的自我介绍，在有限的时间里向别人展示出你最想展现的一面，这其实是非常精妙的一件事。**自我介绍的好坏与否，直接关系到你给别人的第一印象，往往也决定着以后的交往能否顺利地进行下去。**

　　无论是哪个场合的自我介绍，都有一定的规则。姓名、年龄、爱好、工作经历、家庭概况、理想与抱负等，都是开场白中可以涵盖的内容，可以选择有代表性的几个方面着重介绍。

1.朋友聚会

　　朋友间的聚会是一个相对轻松的场合，此时的自我介绍通常是面对不太熟的朋友，这时应该以轻松的姿态说出名

自我介绍的方法

大家好!

字,也可以用开玩笑的方式说出自己的外号,或是一些和共同的朋友之间的小糗事,迅速地拉近关系。

2.公司聚餐

公司聚餐其实是职场的一个延伸,自我介绍应以偏重职业技能的介绍为好。同时由于是聚餐,又不能太过于严肃,开一些与行业相关的小玩笑,可以拉近彼此的距离。

3.相亲

相亲的场合中,自我介绍应该兼顾稳重和风趣。无论是男性还是女性,都应该从容地、不卑不亢地把自己的真实情况和要求说清楚。

根据"首因效应",你在开头一到两分钟内的自我介绍内容,很大程度上决定了你在他人心目中的印象。要做好自我介绍,除了表达力的修炼提高外,还有一些背后需要注意的技巧。

1.了解自己的长处和个性

自我介绍是很好的表现机会，要突出自己的优点和特长，并注意用相当的事例去支撑，提高可信度。了解自己的长处与个性，就可以提前准备好自我介绍的内容。在短时间内尽量突出自己的能力和强项，努力给自己加分。

2.问候和报全名是最基本的

开场问候是给对方的第一印象，也是有礼貌的表现。面带微笑，声音响亮，语速自然，一声"您好"也就足够。报上全名，也是最为基本的礼数。介绍自己姓名的时候，可以用释意、谐音或者讲故事等多种方式，既显得有趣，加深对方的印象，也能展示个性，让你的个人形象鲜明起来。

3.根据场合调整自己的内容和表现

正如上文中举例所说，不同的场合，自我介绍的形式可以稍作调整，做到每个场合都表现得体。在庄重的场合，就不宜用开玩笑的语气去自我介绍；而在轻松的氛围中，过于严肃也显得格格不入。

简单实践法
教你如何进行自我介绍

在不同场合自我介绍的注意事项。

自我介绍

场景\方法	朋友聚会	公司聚餐	相亲
了解自己			
开头语			
适当调整			

第**3**章 话太多容易招人厌烦

表达力高超的人知道什么时候该口若悬河，什么时候该沉默是金。如果不知道控制自己的表达，则容易会招人厌烦。

你是不是也曾有过这样的困扰？

在很多生活或工作场景中，想要表达某件事，说了很多但总是说不到重点。不仅对方听着费劲，自己也会因为表达不畅觉得十分懊恼。

所以，爱说话并不等于会表达，大到会议发言，小到朋友聊天，表达的每一段话都应该有一个明确的主题。

其实，**主题是一场对话最基本的内核，任何表达其实都是围绕这个内核展开的。**将我们平时的表达分为两类，一类是事先就有明确主题的，另一类是事先没有明确主题的。像会议发言、演讲、辩论等，都属于前者，这样就可以轻松进入为主题选择表达内容的阶段了。而那些生活中即兴的对话、朋友聚会中的闲聊等，都是没有明确主题的，这种时刻因为人处于放松的状态，所以发言、表达就会十分随性，而这时也是词不达意、答非所问最常发生的时刻。

我的思维跳跃度很高，谈话中经常从一个点很快又跳到另外一个点，有时候别人会觉得不耐烦，要怎么解决呢？

每场对话都应该有一个明确的主题。

把握主题提取信息

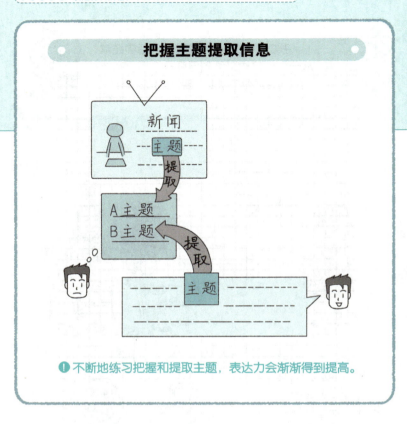

❶ 不断地练习把握和提取主题，表达力会渐渐得到提高。

对于事先有明确主题的谈话，注意在表达的过程中，不时地提醒自己主题是什么，往往就不容易跑题，或者在刚要跑题时能够及时"刹住车"。至于那些事先没有主题的谈话，我们可以试着提取自己说话的主题，将其明确化、具体化，这样表达起来就有了"主心骨"，避免出现啰嗦、杂乱的情况。

善于把握主题，其实是表达力中的一个重要方面。所谓功夫

其实这种情况就非常需要提取主题的能力，你的每一个思维点之间肯定都有一个线索把它们串联起来，而在谈话中经常下意识去提取这种线索就会很快增强你的主题把握能力。

在诗外，当别人说话时、看电视时，你都可以试着去提取主题。

"以前我总是会去图书馆、书店，但是现在网络方便了，很多电子设备都可以看书了，我也就不怎么去买书了。当然了，就算要买纸质书，我也会从网上买，方便又便宜。"

如果在闲聊中听到这样一段话，放在以前，你可能会随性地接着话茬聊下去，但是现在，你可以试着去提取一下说话者想要表达的主题——说明自己阅读方式的转变过程。归纳出这个主题后，你还可以继续深入地去练习：想一想，说话者这段话表达得是否清楚？如果是自己说这个主题，会怎么去表达？

像这样有意识地不断练习，很快，你在把握主题和提取信息方面的能力会越来越强。

2. 表达前先确认 "杯子"的大小

表达中更应该注意人物的特征和环境的变化，根据不同的对话特征去选择不同的表达方式。

表达之前，一定要了解听话者的身份、年龄、文化修养等内部因素，还要考虑到环境、时机等外部因素。只有这样，我们所说的话才有意义，才能达到预期的目的。这也就是我们所说的表达前先确认"杯子"的大小。

杯子的大小代表知识和技术的程度，以及对方的状态、心情等。所以，在表达之前最好先确认这些因素，然后根据具体情况调整表达的内容，才能更好地把事情说清楚。

与此同时，**环境和时机也是我们某种意义上的"杯子"概念**。话不在多，时机一定要对。能在最适宜的时机，说出最适宜的话，这才是最会说话的人。确认时机，也是一种尊重对方的表现，更是发挥表达效果的好方法。只有环境适宜、时机恰当，你的话才会产生应有的效果，达到预期的目的。

要怎样确定对方杯子的大小是否能接受自己要表达的内容呢?

要根据对方的杯子来表达。

宇宙弦定理说的是……

双方的杯子一样大就不存在对牛弹琴了。

073

杯因人异

❶ 杯子的大小=知识、技术、状态、心情等。

　　我们倡导"话因人异"，就是表达的时候要注意对方的身份，也要注意自己的身份。说话不考虑对象，就等于射击不瞄准。正如鬼谷子《权篇》中说的："与富者言，依于高；与贫者言，依于利。"说的就是根据不同的对象的情况，也就是不同"杯子"，去进行不同的表达。

　　例如与老年人聊天时，我们需要注意表达的方式。这里的

可以从对方的年龄、阅历、习惯等各个方面考虑，再根据观察结果有针对性地去表达。

"杯子"，指的就是生活方式、兴趣爱好、教育程度、社会风俗以及思想观念，一般来说，各方面距离太远的人，很难会有共同语言。这种情况下，我们可以用同理心去促成良好的融合作用。

老年人多喜欢追忆往事，我们不妨引导他们谈谈自己的过去，听那些经过岁月的洗涤后，仍然深刻留在老人心中的故事，就能对老人的经历、性格有个大致的把握了。

同样，和孩子、少年等不同年龄段的人交流，都要用不同的方式。因为，以年龄来划分不同人群"杯子"的特性，具有一定的代表性。

一个人的内在水平如何，会在表达中直接体现出来。表达水平高是一个人获得大家认同的极为重要的途径。如果在表达中，不看具体情况就一概而论，就会难以驾驭各种事情和人际关系。在确认好"杯子"大小之后有针对性地表达，最能将自己的智慧、思想和才干充分发挥出来。

不要把所有的信息都传达给对方

一天之中，我们总会接收到很多信息，也会传递出很多信息。在我们接收了这么多信息后，大脑可能会有意无意地进行加工，等到了想传达的时候，就会有遗漏或说错的情况。对于没有把握的事情，千万不要信口开河；如果想要传递某种信息，最好争取把最好、最优的信息传递给对方。

有这样一个常见的传话小游戏：一句话从第一个人悄悄传递到第十个人。等到最后一个人站起来描述，其中的意思变化之大，会让人目瞪口呆。就算是一模一样的信息，同时传达给十个人，每个人对它的接受程度和转达，也都是不尽相同的。基于这样的情况，当我们需要传达重要的信息时，就一定不能增加很多冗杂的信息，不要把所有的信息都传达出去。

表达时做到轻重有别，不用把所有的信息都说出来。找到与主题最相关的思路，阐述清楚即可。 在表达中，最忌讳的就是"竹筒倒豆子"，把所有的信息都一股脑儿地说出来，也不管有的话是不是适合说，或是对方是不是感兴趣。

QUESTION 疑问 如果确实有大量的信息需要马上告诉对方的话，应该怎么办呢？

我们准备办一个活动。因为上次那个活动领导说……所以……

小星，星期五下午我们在中心广场有个活动，你也来吧？

好呀，我完成手上的工作就过去。

考虑对方的情况进行表达

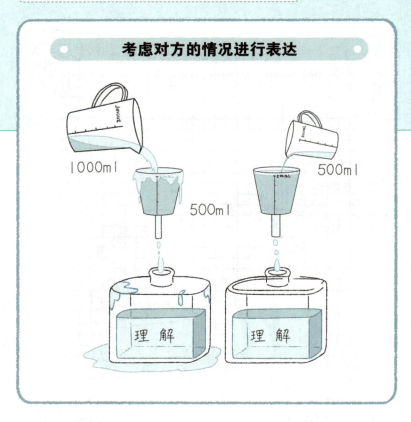

只想着自己说什么，相当于把自己杯子的水倒进别人的杯子，可实际上对方杯子的水已经溢出来了，对方的信息因此得不到整理，只留下模糊杂乱的记忆。

正所谓表达要注意方法和分寸，相同的一件事情，你会选择说哪一部分，从哪个角度去说，都有着一定的讲究。举个例子，妈妈做了四个菜，你觉得只有一个好吃。这种情况下，你的表达

那只需要从中提取最重要的点，再按顺序以对方能够接受的速度表达出来即可。

必定是不能把所有信息都传达出来的。你可以只说你觉得好吃的那道菜，而不用去提另外三个你觉得不好吃的菜。

表达方式不同，取得的效果会天壤之别。人在不同时间、不同地点、面对不同的人、处理不同的事情，都应该学着去说不同的话，做不同的表达。**不要一味地只按照自己的思路走，要考虑对方对自己说的话是否感兴趣、对方的立场、自己的观点能够被接受的程度等**。不做区分地全盘托出并不是一种值得赞扬的坦诚，稍微动个脑筋去表达，效果更好。有所为而有所不为，才是表达的至高境界。

4 省略长篇大论的开场白

　　在表达方面，无论是书面表达还是口头表达，都要追求简明扼要。开场白也是如此，一开头就快速切入主题，能让听者读者一下子就进入状态。不要浪费时间精力去绕圈子。

　　"水无常形，话无定格"，由于具体情况的不同，语言表达并没有一个固定的方法。同样，开场白如何去说，也是不一样的。

　　简单来说，**开场白有一些基本要求，那就是简明扼要、紧扣主题，不可长篇大论**。在活动的开场或是演讲、辩论这样的场合，开场白还需要充满激情，并富有一定的鼓动性。而如果是生活中的发言、聊天，开场白宜以情动人。

　　冗长的开头容易让听众觉得厌烦，会让他们觉得无法把握到这场交流的重点。**表达的目的就是把重要的内容说清楚，任何开场白和铺垫其实都是为内容服务的**，如果喧宾夺主，用长篇大论的开场白先把对方注意力分散了，那么后面的表达就难以取得好的效果。

如果一个演讲规定了时长，而内容又没办法说那么久，除了把开场白说的长一点还有什么办法呢？

这种问题以前也出现过，当时的情况是……

此处省略5000字

所以我们要讨论出一个可行的办法。

原来也出现过这样的问题，现在我们讨论一下解决办法。

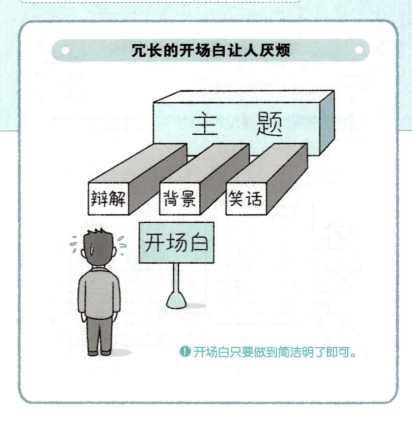

冗长的开场白让人厌烦

❶ 开场白只要做到简洁明了即可。

很多人意识不到自己说话有开场白长的毛病，在这里我们点出其背后的几个常见原因。

1.开场白伴随着辩解

"大家不要觉得我下面说的情况很罕见，其实是大家没有发觉……"有的时候，人们在说话之前总会担心大家会对自己抱有不同的意见，因此会挖苦自己或者客套一番。这些都是辩解型的

可以把时间留到演讲完主要内容之后跟听众的互动，这样也能加深听众对你演讲内容的理解和印象。

语言，其实大可不必。

2.回溯过去，描述背景

"关于这个问题，过去也曾遇到过，其中最明显的有……"这种类型的话大多与主题无关，相比这些，大家更感兴趣的是现在和今后的情形。

3.说些笑话，想引起听众的兴趣

在生活中，我们一定遇到过这种情况——说话者用蹩脚的笑话开局，反而把整个局面弄得有点尴尬。其实，自己觉得好笑的事情别人不一定觉得有意思，如果不能确定会产生好的效果，稳妥起见还是不说为好。

总之，要跟对方说明什么，越快进入正题越好。如果是很重要的事情，开场白基本可以全盘省略。演讲类的场面中，可能会担心时间太多而故意说些开场白。其实这也没有必要，如果时间有余，不如留给听者去提问，以提升表达的效果。

教你如何在
不同的场合表达

拿出你的笔，一起动动手，动动脑

　　有些人无论在什么场合似乎都可以掌控自如，旁征博引，谈天说地。而大部分人，只有在自己的家人、朋友、熟人等舒适圈子内才能谈笑自如，一到陌生的环境里就会语无伦次，甚至紧张到说不出完整的话。其实，好的表达者应该是可以胜任任何场合的。

　　"会表达"和"喜欢表达"从听者的角度来说其实是相反的。太喜欢说话的人基本上不能成为善于表达的人，但真正会表达的人通常是喜欢说话的。在不同场合应注意的说话比例是：

演讲时10:0

　　演讲这样的场合，基本上信息的传输是单向的，即演讲者向观众去进行传达。这种场合中，一定要热爱表达且善于表达，才能把表达变得出彩。例如发音正确、清晰、优美，词句流利、准确、易懂，语调贴切、自然、动情等，想要在

不同场合的表达

10:0 的表达中达到一鸣惊人的效果，平时就可以准备一些小技巧，熟能生巧后会发现屡试不爽。

面试的时候7:3

在面试这样的场合，我们倡导自己表达与倾听对方的比例是7:3。因为，这种场合中，我们的表达必须要说到点子上。面试类的表达场合，是需要通过全方位地展示自己来让听话者进行打分和衡量的，如果对每一个问题都简短地回答，不仅会显得不重视这场面试，更会因为表达得太少而错失很多机会。在认真听取提问者的话后，给出有深度而适当得体的回答才能获得好的效果。

销售时3:7

销售场合，很多人的错误观点是要一股脑地进行强势表达，把信息都灌输给对方，其实这样会引起对方的反感。销售的要义在于要先找到对方真正的需要，然后才能有效地进行突破。在这样的场合中，我们可以转变身份，将"表达者"变为"倾听者"。认真听好对方的问题，不要过分扩散话题或目的性太强，循循善诱地表达才能获得好的效果。

一起讨论关于表达力的小经验吧！

　　本章阐明了表达的基本内核，以及表达中需要注意的地方。希望能对大家有所启发。如果有其他的问题和想法，就快点扫描右边的二维码，进入讨论群，和其他小伙伴一起讨论吧。

简单实践法
教你如何在不同场合说话

在不同场合说话时，注意自己的说话比例。

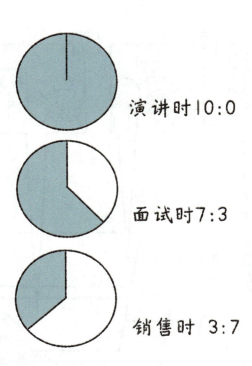

演讲时10:0

面试时7:3

销售时 3:7

第4章 摒弃杂乱无章的表达

能够清晰有条理地表达的人，一般不管是工作能力，社交能力还是生活能力都很强。职场新人最怕的就是在工作中，表达杂乱无章没有重点。

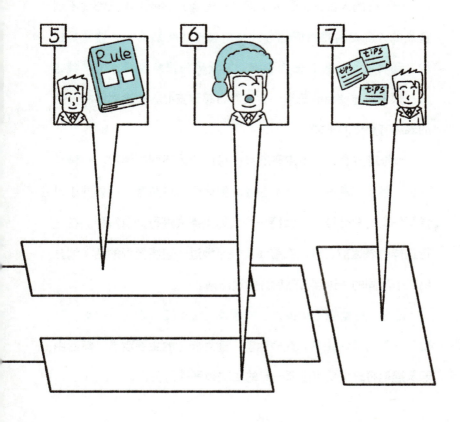

预告对方要点有三点

  表达力的高低与逻辑思维能力十分相关，一个逻辑思维能力强的人，会做到条理分明，让对方能清楚明白地接收到要点。

  什么样的人说话会让人觉得枯燥无趣？那就是半天都说不到重点的人。**如何用最好的方式将信息传达给别人，关键就是逻辑。而将发言的结构分为三点，则是最为简单易操作的一种方法。**预告对方要点有三点，会让对方感到安心，也会对即将开始的表达有整体的把握。

  预告对方表达的重点有三点，可以分为不同的情况。**一种是平行结构，也就是说，三个要点之间是平行的关系。**就如同小时候写作文的总分结构，围绕一个谈话重点去进行分点解释。在进行这样的表达前，可以在脑海中快速地过一遍将要说的话，划分出三个不同的小论点，然后分别说出来。

  还有一种是递进结构，也就是说，三个要点之间存在着一种由浅入深的递进关系。在表达前，建立起你的主要观点，然后由表及里地将三个要点按照一定的主次顺序排列表达。

为什么要预告对方要点有三点？这样对自己或者对方有什么好处？

不事先预告要点会降低表达效率。

预告要点可以同时提高表达力和倾听力。

预告三点要点

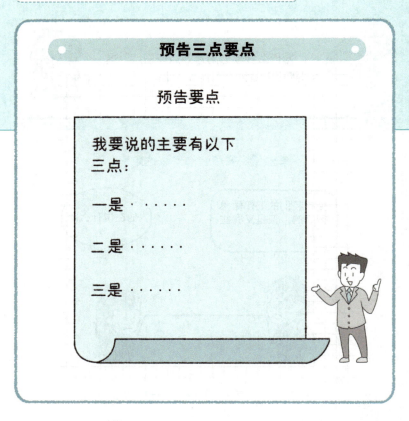

预告要点

我要说的主要有以下
三点：

一是······

二是······

三是······

　　"下面我会从三个方面来总结一下今年的工作。第一是业务
方面，第二是效益方面，第三是团队建设方面。"这样的分点，
就是平行结构。

　　"为什么平时就要注意课堂笔记的整理？第一，可以有效调
动你在课堂上的注意力。第二，可以帮你掌握老师当时讲述的知
识点。第三，在此基础上可以课后加深复习印象。"这样层层递

这样做可以第一时间让对方明白你表达的重点，也可以给自己一个清晰的表达方向，防止表达杂乱无章和跑题。

进，就是递进结构。

无论是平行结构还是递进结构，其中，"三"都是考虑问题的基本。预告即将要表达的要点，不仅让你表达的逻辑更为明了，也让对方能听得更加清晰。

对于有不同分论点的一段表达，用并列式或递进式的方式罗列三个分论点，可以先叙事后评论，或者先评论后叙事。重点是在叙事的时候，不要夹带太多的评论，使表达变得支离破碎。

在表达之前，心中要对将要说的主题进行一个全盘的规划。确定自己说话的目的，想要表达的结论，希望达到的效果，在整体上把握后组织语言和三个要点，不能放任自己想到哪里说到哪里，让表达变得更加清晰而有逻辑，也让对方更加放心地投入到你们的交流中来。

把想说的事情
分成小块

当你意识到表达的重要性时，那么你必定会留心去考虑"听众"的感受。很多人表达时容易紧张，思绪变得很快，怕一下子说不完，因此语速也会不自觉地加快，逻辑也会产生混乱，陈述上会产生偏差，让人听不明白。或者因为想说的话太多，统统说出来反而让人抓不到重点。所以，**在表达时，把想说的事情分成小块去说，更容易被理解和接受。**

比如，在介绍新商品时有太多信息想要表达。那么，我们可以从价格、性能等几个方面，按时间分配成小块进行介绍。这样，听者就能从多个角度全面地获取到新商品的信息了。

把想说的事情分成小块来说，其实也就是表达中注意分层次，把事情的各个方面都兼顾到。这样的一种表达方式能让听者有整体的印象，不要担心无法将特色说出来，因为如果对方感兴趣，一定会追问下去，而你在第一次表达的时候，只需要从整体上分块陈述即可。

有时候工作内容很多，汇报的时候我按照内容来说，为什么老板却总是一副不耐烦的表情？

这个产品是4000元的，这个价格非常值，因为它的手工费很高……

怎么一直在说钱的事……

这件产品是今年生产的新款，由××材质制作，具有非常好的透气性能。

介绍得非常清楚详细，就买它了。

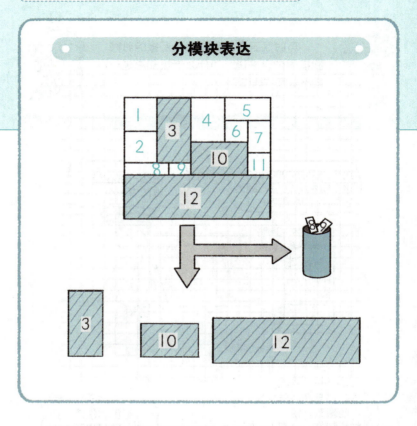

分模块表达

想说的事情较多时容易让语言失去控制，所以要把想说的事情分成小块。说出整个话题里不可缺失的最重要的三点，多余的内容一概不提，以便对方理解你的意思。

正如我们之前提到的平行结构和递进结构，都是一种分块的方法，也可以用故事+观点+收尾等"总分总"的结构去分块。**只有将表述内容进行清晰地区分，才能将信息更加深刻地印刻在对**

因为老板一天要处理的事情很多，在听汇报的时候就只想听重点。你可以把需要汇报的工作内容分成小块，先说最重要的三点，以便领导抓住重点。

方的脑海中。否则，在对方听来，完全是一整段的叙述，重点无从抓起。

　　轮到自己整段发言时，怎么办？最简单的准则就是分段去说。确定一个核心意思后，不管是讲30秒，还是三分钟，都围绕这个中心讲。之后分块去说，将复杂的事情整理成若干小块，每小块用一两句话去阐述。这样条理就会十分清晰，在此基础上，再加入幽默、肢体语言等表达技巧，高效表达就是一件水到渠成的事了。

3 分配好时间与范围

　　表达的技巧通常是从听者的角度出发，**在表达中不仅要做到"说出自己想说的"，更应该做到"让听者能听得进去"**。因此，时间的把控、语速语调、话题范围的设置等，都需要为照顾听者而进行妥当安排。

　　这种精心安排可以帮助我们避免表达中一些常见的失误。例如，一些说话者容易在开场白，或者前面的内容上浪费大量的时间，等到发觉时已经来不及挽救，只好匆匆结束，要么准备的内容没能讲完，要么将剩下的内容一股脑地"倒"给听众，造成听众理解上的困难。

　　语言表达不必像写论文那样严谨全面，事实上，我们要做的就是尽力让表达在一定的时间内，以清晰的结构陈述出来，穿插一些闪光点，让对方能够记住，这样就可以了。对于说话的深度和广度，可以根据具体的情况来定，在时间紧迫的情况下，就不宜把话题撒得太广，也不推荐说得太深太全面。**抓住要点，适当展开，在有限的时间内达到最大最优的表达效果。**

开会时，大家一开始都很认真地听我说话，可越往后越显得心不在焉，这是为什么呢？

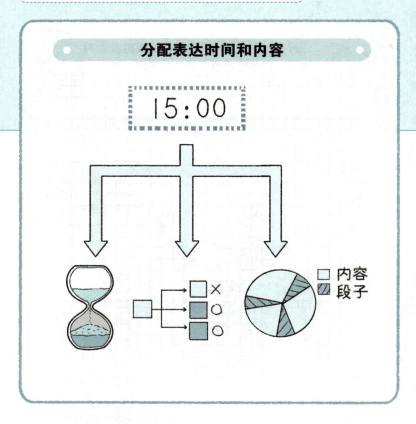

分配表达时间和内容

有资料显示，在单方面听的情况下，人的注意力最多能保持15分钟，因此：

1.先要了解听者预留的时间

在表达之前，要充分了解听者为这场表达预留了多久的时间。在既定的时间段内谋篇布局，对想要表达的内容进行一定的取舍，确定好表达重点并把这个重点尽早地说出来，以免铺垫太

听者无法长时间保持一种专注去听的状态，因此要学会在大家注意力集中的时间段里，把重点简洁地表达出来。

长，到了重点内容时，听者已经没有时间或精力了。

2.思考表达的语言结构，简洁地表达

在一些演讲、研讨之类的分享型表达场合，因为人保持注意力的时间有限，越靠后，大家就越没有精力去关注你的表达了。因此，一定要思考好表达的顺序和结构，在大家注意力最集中的时间段，把要说的事情都简洁地表达出来。让听者第一时间就能把关键的信息都获取到，而事件的细节，可以在后文中扩充。

3.在说明的时候增添幽默感

想要使表达一直保持吸引力，可以试着增添一些幽默的元素。这种幽默感不在于刻意地去准备一些笑话，也不是为了追求幽默而把整场表达变成了全是"包袱"的相声表演。我们表达的目的，还是在于信息的传达，因此，可以围绕中心点，准备一些成语、俗语、歇后语等作为点缀。一些为中心点服务的趣闻趣事，也可以适量地穿插。

资料上要标注要点

和语言表达一样，书面表达也有很多需要注意的地方。有时候我们认为看不下去的"天书"，实际上只是文字量大且结构不清晰，并不是因为内容实在难懂。加上现在快节奏的生活和浅阅读的风气，让人更加难以静下心去慢慢推敲一段文字的用意。因此，为了更好地在书面表达中传达出你的意思，必须做到简明扼要、条理清晰，尽量少用长句。

在著书立说、学术论文、政府公文、法律条款等专业性极强的文件中，长段的文字是很常见的。在这样的资料中，标注要点就显得尤为重要。**内容多不要紧，重要的是结构脉络清晰，提炼出几个大标题来**。这样，即使是时间很紧张的读者，通过简单扫一眼标题，也能把文章的大概框架了然于胸。

除了专业性的文件资料，大部分文章都不宜过长。现代社会，每个人的时间都非常宝贵，文章写得太冗长，读者也没有精力读下去。因此，无论是阐述观点还是推广营销，如果文章都没有人读完，何谈被理解被认同呢？

努力准备了一份翔实而严谨的会议资料，为什么领导看了一眼就说太散乱，看不懂呢？

条理清晰的文件让人更容易接受。

书面表达的要点

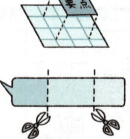

1.要点聚焦在一个点上

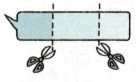

2.不用长句子

3.每个小节增加个小标题

即便是我们推崇将文章写得简短一点，也还是需要作者在写作时就注意把要点标注出来，让文章的内容更加明了。那些看上去复杂难懂的资料都有一个共同点，就是信息量过多，而容易看的资料的重点都一目了然。因此，在进行书面表达时，我们需要注意这么几点。

内容太多、条理不清晰往往会造成文件资料的阅读困难，这时可以使用罗列标题和标注要点的方式，使内容变得一目了然。

1.要点要聚焦在一个点上

一篇文章就论述一件事情，这是全文的中心。文章中不同的要点之间，不要太过分散，都应该聚焦这个中心点去进行阐述。同时，在表达之前就要考虑好不同要点之间的逻辑关系，合理地进行分配，不要互相交叉，造成读者理解上的困难。

2.不用长句子

无论是说话还是写作，我们都不提倡使用长句子。在口语表达中，尽量以好懂的短句去陈述，以免听者产生误解。写作中同样如此，长句子阅读起来比较困难，很容易造成文章意思的偏差，因而书面表达应尽量做到用词浅显、逻辑清晰。

3.每个小节增加一个小标题

小标题可以作为文章的"眼"。通过小标题，读者可以对内容一目了然，也会让他们在阅读时有的放矢，这样反而比把内容全盘灌输给他们更容易被接受。同时，思考小标题的过程可以让你重新认识文件资料的整体结构，有利于更好地把控全文。

用"唯独这个"来聚焦一点

"你只要掌握了这一点，基本上就没问题了。"在表达的结尾加上这句话，会让听者对你所说的核心内容产生更深的印象。

通常来说，我们在表达中是有一长串的内容要陈述的，其中也许包括了有意思的开场白、几个分论点、一些支撑的事例、一个意味深远的结尾，等等。让听者完全记住这么多内容是不可能的，很多时候他们也许顾此失彼，只记住了表达中的小玩笑，而忘记了你本来的观点。因此，**我们需要用"唯独这个"的方法，让听者在大量的信息中聚焦一点，让我们的重点能够准确无误地传达给听者。**

中国古代就有聚焦的观点："立意要纯，一而贯摄。"也就是说表达中主题要鲜明，其余的都要围绕这个中心主题进行。但因为逻辑思维和表达力水平的差异，很多人在阐述时会东拉西扯或泛泛而谈。这时，在表达的结尾处用聚焦一点的方式去强调，给整场对话一个完整的总结，就显得很有必要了。

详细解释了一大通之后，为什么对方还是理解不了我要表达的意思？

开会时。

讲了这么多，但你们只要掌握了这一点，就都能明白了。

会见客户时。

情况虽然听起来比较复杂，但主要原因就是这一点。我们真的没有多余人手了，抱歉。

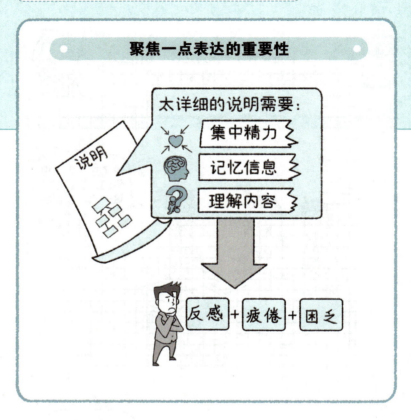

为什么说需要用"唯独这个"的句式去聚焦重点呢？

1.太详细的说明基本上很难懂

也许你在表达中已经将你的观点反复论证，解释得很清楚了。但是，你无法保证听者能够完全理解和接受，听者的思绪会随着你的详细说明而左右摇摆。在对话最后用一句话去概括，能一下子让听者明白主旨所在。"这个项目我们没法接的原因就是

说明太详细了常常反而不好懂，这时你要做的是，最后用"唯独这个"的方式将表达的重点聚焦出来。

这一点，我们真的抽不出时间了，抱歉。""妈妈打你并不是因为你淘气，而是因为你犯了错却撒谎，懂了吗？"以这样的句式结尾，会让听者一下子就能接收到你要表达的最重要的意思。

2.做听者是一件让人厌倦的事情,因为听者有三件事情要做

a.要集中精力听

在一场表达中，一直做听者也不是一件容易的事，他们必须全神贯注地去接收说话者要表达的意思。

b.要记忆所听到的事

同时，听者还要努力地将这些内容记下来，便于自己理解和以后的沟通。

c.要正确地理解内容

最重要的是，他们一边听一边要去理解内容，这需要大脑高速运转。在这样的情况下，作为表达者，不妨给他们一些明显的提示，让这场交流变得更加有效。

举完例子后进行简单的总结

　　举例说明是很好的表达技巧，既能加深理解，也能让表达显得生动。但举例结束后，一定要总结一下论点，因为不同的人对同一件事会有不同的理解，总结可以防止听者听了例子之后思维发散到别的地方去。

　　很多意味深长的道理，几乎都是由举例来表述的。"罐头是在1810年发明出来的，可是，开罐器却直到1858年才被发明出来。很奇怪吧？"看到这样一段话时你有什么感觉？无非是知道了一个小知识而已。"可是，有时候就是这样，重要的东西有时也会迟来一步，无论是爱情还是生活。"后面的这句总结会让你一下子茅塞顿开，并一定会觉得这个举例很有道理。

　　这就是总结话语的重要性。正是因为人的思维差异，不同的人在面对同一个例子时会用不同的方式去思考，从而得出不同的看法。为了避免这种误差，**可以用简洁的总结来让不同的思维统一到表达者的本意上来**。

QUESTION
疑问

用事例去说明很受大家的欢迎，但怎么才知道他们明白了我想表达的具体意思呢？

举例之后进行总结

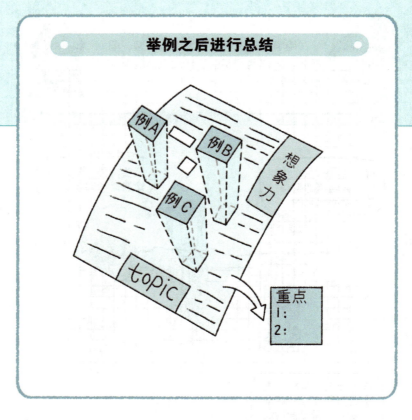

　　举例说明容易让听者有想象的空间，让他们联想到具体的状况，留下深刻的印象。**但要注意的是，印象深刻并不代表对方完全听懂了，所以举完例子后要强调一下重点。**

　　这一步很重要，因为事例一般都是生活中常见易懂的事情，但要准确挖掘出其中的内涵，以及与表达主题之间的联系，不是每个听者都能轻松做到的。这个时候，一个优秀的表达者不会让

举完例子后，学会用一小段话进行简洁的总结，可以让听者的思维统一到你要表达的本意上来。

听者苦苦去思考，而是会及时地画龙点睛，明确指出其中的道理让读者理解。

举例后进行总结，还可以让听者在接收了表达者的意思后加深理解。因为，在人类的思维模式里，最后说的话是最容易被记住的，那么举例后进行总结的说明也就更能深刻地给听者留下印象了。

需要提醒一点，在提升表达力的同时，还需要提高归纳能力和随机应变的能力，这样才能让你在总结时做到简明扼要。如果你的总结比例子还长，那么听者也会听得云里雾里的了。

教你如何整理
表达的内容

拿出你的笔，一起动动手，动动脑

对话和表达是不同的。对话常常是想到什么说什么，带有较大的随意性，而表达一般都有明确的目的性和针对性。所以，在表达之前需要把内容整理好，做到有备而来，这样表达的时候往往才能取得令人满意的效果。

内容整理有三步：

1.整合想说的内容

在表达之前，要做好功课。无论是一场演讲还是一次相亲，都需要对这件事保持高度的重视，广泛搜集资料，把想说的内容全部整合好。

2.删减

当你有了充足的资料内容后，也许会觉得信心满满了，但是此时，还有一个最重要的步骤，那就是删减。因为表达其实是一门艺术，并不是说得越多效果越好。哪些话应该说，哪些话不要说，都有着一定的讲究。

整理内容

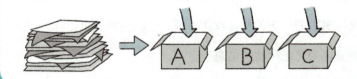

我们将整合好的信息分为五类。

A.绝对必要的信息。

B.说了会好一些的信息。

C.可有可无的信息。

D.时间充裕时可以附加的信息。

E.不用的信息。

在这里，我们要做的就是把CDE全部删掉。

一般来说，时间、地点、人物、事件，这些构成一件事的最基本的要素是绝对必要的信息。而消息源、各方观点等，可以当作是说了会更好的信息。举例来说，当你想表达对一件新闻事件的观点时，除了转述新闻本身外，加上"这条新闻是新华社发出并评论的"这样的信息，加深了表达的权威性，从而会让听者更加信服，这就是"说了会好一些的信息"。而新闻事件中那些无关紧要的细节，不一定要进行表述。如果国内外有相似的新闻事件，对这个新闻事件的后续报道有着一定的借鉴作用，那么这类信息就可以称为"时间充裕时可以附加的信息"。

3.把留下的信息整理成小项目，把项目与项目之间连接起来

这一点很重要。如果将一场表达比作做衣服，那么前面的工作就是挑选布料和剪裁，最后这一步才是将各块布料整理对应起来，缝合成一件完整的衣服。这里需要用到逻辑思维，把删减后留下的信息进行归纳总结，罗列成大大小小的项目，再把不同的小项目按照一定顺序连接起来。例如可以按照轻重缓急进行排序；也可以用欲扬先抑的方式，先说负面消息，再说好消息……方法不固定，重要的是要与自己想要的表达效果一致。只有这样考虑全面，准备充分，才有可能最后得到一场精彩、满意的表达。

简单实践法
教你如何整理表达的内容

在下一次表达前，尝试运用本章节的小方法整合要表达的内容吧。

1. 整合内容

2. 删减

必要	次要	可有可无	无关	多余
✓	✓	✗	✗	✗
A	B	C	D	E

3.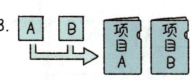

第5章 如何优雅地对待说明的对象

第 **5** 章

如何优雅地对待说明的对象

人人都需要被尊重，尤其是在谈话中。这样不仅能让谈话顺利进行，还能直接提高自己的素质和气场，为生活和工作都添上一份助力。

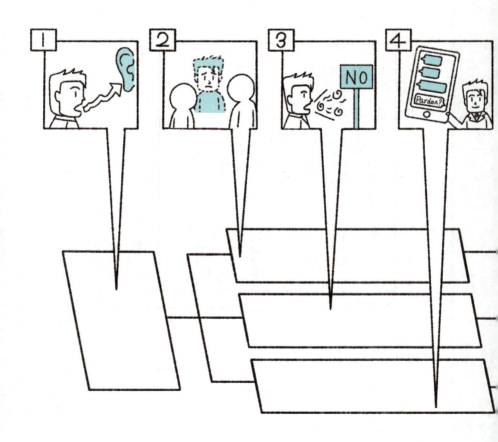

1. 用率先说明体现对对方的尊重

表达中一定要让对方感受到尊重和被重视，因此，将说明、注意事项等放在前面说，会拉近彼此的心理距离，让对方觉得很受用。

"不好意思，我家比较大，窗子也有半年没有擦过了，请您在这个基础上给我一个家政服务的报价吧。"

"这个治疗方案在我们看来非常普通，但我还是要事先跟您说一下风险和并发症的问题。"

"今晚的聚会我会到，不过最近工作比较忙，可能不能按时下班，会迟一点到，可以吧？"

以上的这些表达，都是率先说明的例子。**这样的表述将困难和负面情况放在前面来说，不仅在信息量上保证了完整性，更能让对方有一个心理准备来做后面的沟通，给对方一种被尊重的感觉，使交流变得更加和谐而顺畅。**与此相反的是，如果因为有风险、有困难，就将这些情况瞒而不报，不告诉对方或者含糊其辞，那么即使表达能继续下去，也会埋下不安定的隐患。

赴约时由于堵车而迟到了十分钟，不管我怎么解释，女朋友还是因为我没有提前告知而生气，这是为什么？

事先说明原因让彼此都有心理准备。

好啊，没问题！

今晚的聚会我会到，但因为工作原因，我可能会迟到一会儿，可以吗？

事后说明原因会让对方感到不被尊重。

哎呀，对不起，工作内容实在太多，我迟到了。

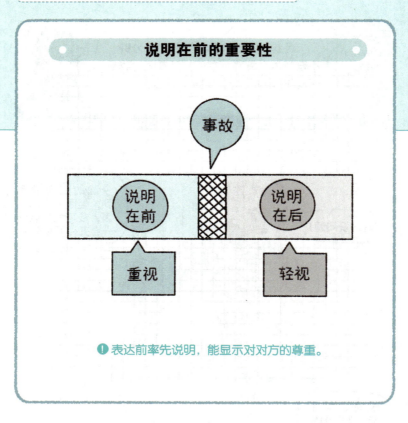

说明在前的重要性

事故

说明在前　　　说明在后

重视　　　　　轻视

❶ 表达前率先说明，能显示对对方的尊重。

　　有的人会认为，这些说明自己肯定会告知对方的，只是想先说重点，把说明放到最后去说。这样不可以吗？

　　这样的确是不妥当的。**把说明放在前面，对方会觉得自己被重视，因此也就更容易接受之后的内容。相反，把说明放在最后，会让对方觉得被轻视，招致不快。**不要小看这一前一后的变化，这会让整个问题的性质变得完全不同。试想一下，某件不愿

事先说明和事后解释的性质是完全不同的，前一种做法体现了对对方的尊重，因而更容易被接受。

见到的事情最终发生之后，你再去进行说明、道歉，都只能算是补救的尝试，别人不但未必接受，还很可能会因为你没有事前通知而生气；而假如事先你进行了说明，那主要责任就不在于你，避免了难堪，同时对方也会有所准备，不至于临时乱了阵脚。

在开口表达之前，请再三思量，把好处和坏处都罗列出来。如果你认为，坏处一旦发生将直接影响事件的最后结果时，你就应该勇敢地把这些都放在前面向对方说明，同时做好应对的心理准备。这时，即便是对方因为这些说明而退缩，也没关系，你的坦诚让可能发生的损失消失在最恰当的时段，这也是一次成功的表达。

无论是谢意还是歉意，在表达中都能让人感受到表达者谦逊的态度，这样会让对方放下防备心理，愿意去聆听。例如，发生事故后，相关单位的负责人第一时间去和伤者家属交流，真诚地表达出歉意，能让对方从愤怒和伤心的情绪中稍微缓和，从而更好地沟通。

一场交流中，表达者与听者是处在一个平等的位置上。**适时地表达歉意，不仅能体现出自己的涵养，也能让对方觉得备受尊重。无论交流是否达成共识，双方在情感上都能达成一种共鸣。**

亲和地向听者表达歉意，更能激发听者对你叙说事情的兴趣。因为通过你的态度，对方能感知到如果与你合作，可以用怎样的方式，或者是能对你的能力和诚意报以多少的希望和信任。

礼生敬，敬生情，多使用"抱歉"一词，简单的两个字，却能快速地为你赢得好感，也容易让表达有一个完美的结局。

有时候看到对方在交流的过程中会有种欲言又止的表情，可是正在话题中的我又不知道该如何去询问，感觉突然停下来也很突兀。

他怎么自顾自地说，也不关心别人有没有听懂啊。

抱歉，我是不是说得太快了，有哪里没听懂的吗？

你说得很清楚，我们都跟得上。

表达歉意使沟通更高效

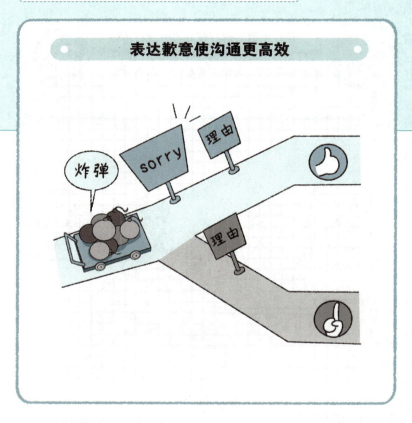

　　说明时要时刻注意自己是不是变成单方向的灌输了。途中经常要问问对方，"说到这儿有什么不懂？""我这样表达说得清楚吗？""以前遇到过类似情况吗？"，对方会放松很多。**单方面听人说话并不是一件容易的事，不时地停顿下来，让听者有机会提出疑问，会让双方的沟通更加高效。**

　　同时，作为一个信息的接收者，听者在聆听的过程中，也

这个时候你可以停下来然后道个歉说"不好意思我光顾着自己说了，你有什么看法吗"之类的，对方就可以顺理成章地说出自己想说的话。

会产生"这里是不是该插话？""我提这样的问题是不是外行了？"等问题并感到不安，为了安抚这种不安，对任何听者的发言一律表示感谢和认可，才能让你的听者对于发言感到无压力，最终使你的表达质量提高。

"表示歉意"其实是让对方放下顾虑。

很多时候，由于身份、面子或思想上钻了牛角尖，人们并不愿意表达歉意，似乎表达谢意或歉意都让自己处在了交流的"下风"，其实不然，表达歉意反而更能赢得尊重。毕竟，人人都愿意与真诚而谦逊的人交流。

3 一边确认对方的反应一边表达

表达并不是一味的思想灌输，一边说一边观察对方的反应，能让表达更有互动感，也更能产生切实的思维碰撞成果。

"你听懂我的意思了吗？""能明白我的话吗？"这样的话看似正常，也是在确认对方是否理解，但却会让人听着有些不舒服。这类句子的潜台词似乎有着：我说这么清楚你还听不懂吗？如果换成"我说清楚了吗？""我这样表达能理解吗？"就会把原先"指责"的暗示变为"自责"的暗示，会显得更加有礼貌，也会减少表达中不必要的误会。

表达不是一场独角戏，也许说话者是站在一个主导的位置，但也需要听者的配合和理解才能完成一次有共识的交流。因此，说话时不要只顾着自己的表达，一定要一边说一边看对方的反馈，把自己准备的话进行随机应变的调整，以达到最好的表达效果，营造最和谐的对话环境。

我经常自顾自地说完了我要说的话，结果总是发现对方一脸不开心的样子，我该怎么办？

提问如果只站在自己的角度会造成反感。

"自责"的暗示可以减少不必要的误会。

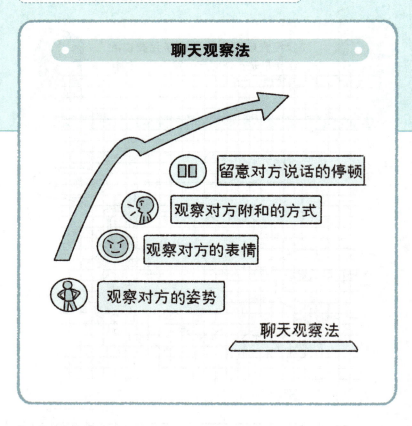

表达不是一个人的事，时刻关注对方的反应才能让整个过程更加融洽高效。在沟通中要一边表达一边观察，方法很简单。

1.观察对方的姿势

一般来说，你在表达的时候，对方是不会插嘴的。那么，最直观的反应就是看对方的肢体语言。肢体语言和语言、文字一起，构成了一个表达的系统。对方抱胸、摆手、扭头等各种姿

其实在你表达的过程中，这些都是可以避免的，你可以一边表达一边观察对方的各种小动作来判断对方对你所说内容的接受程度，然后进行补救。

势，都能反映出他对你所说的内容并不感兴趣，或并不赞同。而微笑、注视、颔首等姿势，则能显露出对方对你的肯定与鼓励。

2.观察对方的表情

表情也可以反映出人的思想。如果在我们表达时，对方露出了微笑、吃惊、厌烦、不屑等表情，那就是对我们的话语最为直观的反馈了。根据这样的表情，我们要适时地调整自己表达的内容和方式了，以便更好地互动。同时，近来很流行"微表情"的概念，如果你在表达中心有余力，那么也可以去试着观察对方的微表情，从中发现对方真实的反应。

3.点头或者附和的方式

要在说话的间隙观察，所以在说话时要有停顿。如果在你停顿的时候，对方露出不解的神情或提出疑问，那你可以暂时停下表达，为对方解答疑惑。如果对方用点头或微笑眨眼等方式表示附和，那么你就可以认为对方接受了你的观点，可以继续深入地表达下去了。

4 预测听者的问题

不同的人由于成长经历、思维方式、利益角度等方面的差异，对相同事件都会有着不同的看法。一个聪明的表达者要学会在开口之前就预测到这些差异和不同，提前做出应对。**在说话前预先设想一下听者会有哪些问题和疑惑，做好相应的准备，会让你的表达更加胸有成竹。**

交流和表达在本质上都是思维的碰撞与信息的互通，那么，产生不同意见或是存在不解都是极为常见的情况。在接受差异的基础上，学会换位思考，站在听者的角度去考虑问题，以听者的思路和逻辑去猜测他们会有什么问题。在明确自己论点的前提下，试着用对方能够理解的语言组织好表达的结构，以便在真正表达的过程中，面对听者的提问，能够正确地进行引导。

预测听者的问题还包括预测对方对自己会产生哪些反驳，为了能在辩解中获得理解，你可以用旁观者的眼光去找自己发言的漏洞，然后做出合理的补救和解释。

上台发言时我最怕别人提问题，由于不知道大家会问什么，所以经常回答不上来。我该怎么办？

预测对方的问题

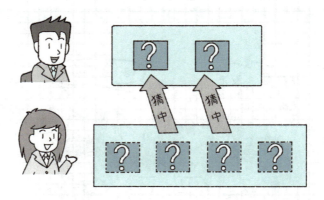

❶ 预测听者的问题，准备好应对策略，会让你更有自信。

　　表达的过程中被听者提问，这种情况容易引起说明失误。如果连听者的问题都没办法解答的话，也就不能获得听者的信任。所以事先要预测听者的问题，然后想好如何回答。

　　如何准确预测听者的问题？

　　首先你得掌握对方的逻辑。表达之前，对听者的基本情况应该有所了解，结合你要表达的主题，可以大致推断出听者的主要

听众的大部分问题其实是可以预测的，上台之前就准备好相应的回答，你在表达时就不会轻易被问住啦。

目的、感兴趣的方面、需要解决的问题等，围绕这些去准备你的回答，十之八九不会出错。

其次，理清自己的逻辑。 作为表达者，我们表达的内容一定是有逻辑的，回头审视的过程中，哪些内容没问题，哪些内容存在疑问或者争议、可能会被听者抓住并作为问题提出来，这些都要做到心里有数。

在表达的过程中，如果对方提出问题和质疑，先不要急于补救和解释，想一想是否在自己预测的范围内，或是有什么相通点。把那些你们都认同的部分排除掉，找到差异点，再进行解释和沟通。

表达是一门艺术，也是一场博弈。知己知彼，并且不打无准备之仗，才能百战不殆。

留下提问的余地

　　有的时候，一个问题的提出与解答往往更能促进表达的深入。留下给对方提问的余地，能让双方的思想得到充分的沟通。

　　在部门例会上，上司也许会这样表达——

　　"这次的市场调研项目就由第一小组来完成，要到一线去了解情况，然后交一份汇报上来。（停顿）有没有什么难处和不理解的？"

　　母亲教育犯错的孩子时，也许会这样表达——

　　"你因为贪玩而忘记做作业，罚你这一周放学后都不能出去玩。（停顿）妈妈这样惩罚你，你觉得对不对？"

　　这几种说法，都是在提出自己的观点后，留下停顿的间隙，把提问的时间留给听者，并对听者的提问给予了一定的鼓励，让整个沟通的氛围变得平等而和谐。

　　表达并不是密集地说话，过犹不及，说得太满反而让人觉得厌烦或满肚子困惑，留下提问的余地能取得更好的效果。

QUESTION 疑问

我经常说得兴起了就一口气说完了要说的事情，然后对方就会一脸茫然，我也非常苦恼。

要一个大份酸菜鱼，再加6个其他的菜。

他怎么一个人说了算啊！

我们一共6个人，点个大份酸菜鱼，再加几个别的菜，你们看这样可以吗？

可以可以。

给听者留下提问的余地

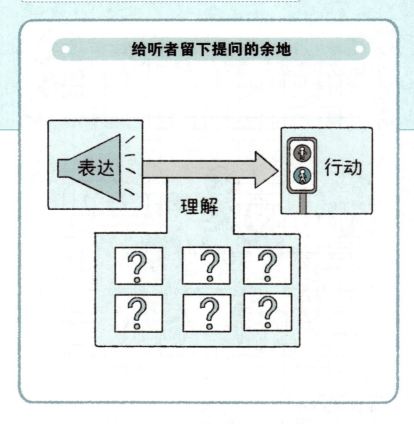

我们常在新闻发布会或演讲等场合看到，当主讲人表达完自己的观点后，会有一个提问环节。在提问环节中，听者会根据主讲人的表达内容提出疑问，再由主讲人进行进一步的解答。在这样一问一答的环节中，主讲人的意思得以更加清晰地传达，而听者也能解开胸中的疑惑。

例如，第一个小事例部门例会中，当第一小组的组长向上司

所以在谈话中一定要给对方留出提问的余地，在一问一答的过程中对方才能了解你表达的内容，而提问者也经常会有新的灵感产生。

提出了疑问："请问销售情况是包括门店销售和线上销售数据吗？还是只统计实体店的营业额呢？"这样的提问，让作为表达者的上司，得到了听者的反馈，也就能更有针对性地进行指导。表达者和听者达成了共识，也就能更精准地开展工作了。

表达的目的并不只是让对方理解，而是让他朝你所希望的方向行动。如果对方不被你打动的话，对方就不会有行动，只会停留在理解层面。因此，要故意给听者留出提问的余地，有了提问答疑的过程才能让双方共同作业。

人的本能其实是喜欢说话的，滔滔不绝的表达也许自己会觉得得意洋洋，但对听者来说，也许就意兴阑珊了。而一个聪明的表达者，会在自己的话语中留下停顿和空隙，既方便自己稍作休整，整理思路，也可以让听者对接收到的信息稍作消化和理解。给听者留下提问的余地，让听者能够及时地在交流中反馈疑问，更好地与表达者产生共鸣。

不要给对方出谜语

　　有些人在表达中，会不自觉地故弄玄虚，引起别人的关注和好奇。例如，假期结束后同事们闲聊："假期去哪里玩了？"小广答："在天上飞来飞去。"作为倾听者的同事们就会觉得有稍许不快了，也许会有很多人不理睬这样出谜语的表达方式，那么一场原本很愉快的交流，就会不欢而散。

　　不要刻意地去设置一些语言陷阱、思维陷阱，这样会让对方产生不悦。表达的目的就是易懂、简要，这样能让双方都专注于说话内容本身。

　　语言陷阱可以是故意的或者无意的，也许说话的人自己也没有意识到，但这的确会产生不好的影响。那些暴露缺点和劣势的、较为敏感的、本身就不容易回答好的话题都属于语言陷阱的范畴。而思维陷阱，就是在思维上设置障碍，影响听者做出正确的判断。在公司面试时，如果主考官说：在什么情况下你会违反公司的制度？这一问题就设置了思维陷阱，听者想要回答得好，就要跳出这个思维预设，用自己原本的正确思维去回答。

有时候是想通过谜语激发对方的好奇心从而吸引注意力，没想到对方会不高兴。

谜语给人压迫感

❶ 语言陷阱影响对方情绪。

　　"听说小A最近工作上犯错了，上司要把他开了？小B，你刚和上司一起开会，有没有听到什么风声？"在职场上，这是非常常见的问话。然而从某种程度上来说，这就是一种语言陷阱。对于这个问题，回答只能说已经确认的事实或已经被他人知道的事实，而不能表现出任何对上级和他人的看法。

　　站在听者的角度感受，我们发现，这种刻意设置陷阱的交流

吸引注意力有很多方法，如果提一些让听者自己能找到答案的问题，是可以的。但如果贸然提出难以解答的谜语或语言陷阱，则会给对方造成压力和不快。

方式会带来很多不和谐的因素。

　　站在表达者的角度，如果你想获得一些信息或传递一些观点，使用有陷阱的表达模式会让听者立马产生戒备感。如果回答不上你出的谜语，会给听者造成压迫感，让其心情不快。这样的话，双方会置身于压迫与被压迫的环境里。所以，应该提一些能让听者自己找到答案的问题。

　　表达的目的是为了双方达成共识，如果在语焉未详的情况下就给对方出谜语，会让对方有一种被考验的感觉，很容易被你激怒，带上防御的心态。而一旦听者带着这样的情绪，你表达的观点、意见等，就会遭到抵触或反击。

根据听者的反应进行合适的表达

学着根据听者的反应来做下一步的表达：如果对方眼神专注、频频点头，那么你的表达可以更深入更积极一些；如果对方眉头紧锁或眼神迷茫，那么，表达可以稍微慢些，解释清楚。**根据听者不同的反应，及时地变换表达的方式，才能取得最有效的沟通成果。**

会表达的前提，就是要会观察。听对方说了些什么，看对方的表情动作是怎样的，从而感知对方需要怎样的回应。如果不管不顾，只一味按照原来的固定模式去表达，那就会显得僵硬死板，甚至导致交流失败。

在表达前，根据对方的身份、喜好、经验等来判断对方的兴趣点和关注点。在表达时，学会观察听者的说话习惯、语音语调，也要留心听者的面部表情和肢体动作。不同的暗示会让你能够不用听对方的发言就感知到他的态度，给自己充分的时间做准备，改变表达的方式来应对。

QUESTION
疑问

我喜欢一口气把话说完，即便看见对方不想听或不耐烦了，我仍会坚持讲下去。这样做是不是不好？

自顾自表达。

……所以，在这件事情上，我们可以……

这个事情好无聊啊。

根据对方的反应改变表达内容。

……好了，这件事情先打住，讲一个我昨天碰到的趣闻。

好啊，你说。

145

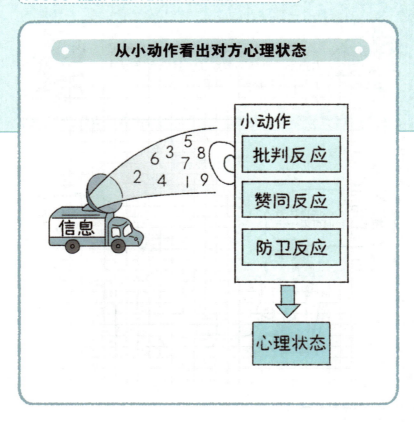

一个会表达的人，绝不是说话滔滔不绝，也不是喜欢在言语上占上风，而是能真正在乎听者感受的人。

要知道，听者的反应是与说话者的表达密切相关的，比如听者不会毫无理由地不高兴，一定是你的话太无聊使他失去兴趣。表达的时候，听者不会只是在听，还会伴随着各种反应，如批判的反应、赞同的反应、无聊或自我防卫的反应等。所以要从听者

与人交流时，我们需要根据听者的反应及时调整自己的表达方式，这样才能取得最好的沟通效果。

的小动作读取他的心理状态，进而找寻合适的表达方式。

当听者的嘴唇微微张合，表示有话要说，这时不妨停下来，请对方将问题说出来；听者神情严肃并轻轻摇头，意味着不同意你的观点，需要你拿出更有说服力的论证来；咬嘴唇、抖腿、用手指抠东西等都是对方紧张的表现，这时可以改变自己的语气和措辞，进行适当的安抚；听者犯困和无聊时，也就需要你放下大段枯燥的描述，讲点更有吸引力的内容，或是请大家休息一下……

为了在表达中沟通无障碍，我们应该学着观察听者的各种反应，随时调整自己的表达方式，以确保在表达中掌握主动，获得最好的效果。

教你如何
忠于话题

拿出你的笔，一起动动手，动动脑

很多人在说话或写文章时，会天南地北地侃大山，不经意间就偏离了主题，让整个表达变得冗杂散乱而毫无重点。话题会随意改变，常常是因为三个方面的原因：

1.一个话题没结束就开始说另一个

这是一种典型的思维活跃的表现，同时也是逻辑感比较弱的体现。任何表达其实都只能遵从一个重点的原则，因为大脑记忆的东西是有限的，当我们想要记住和表达的事情太多时，逻辑会变得杂乱无章，就会出现从一个话题跳到另一个话题、毫无重点的情况。

2.无视听者的疑惑，一个劲儿地只顾自己说

前面我们用了很多的篇幅去阐述观察听者反应的重要性，正是因为这一点在实际生活中常常被人忽视。很多人在谈兴甚浓的时候，就会无视听者的反馈，对他们表现出的困惑、反对、不理解等情绪都视若无睹，即便离题很远

不跑题的方法

逻辑 → 主题 ← 思绪
主题 ← 论点

了，也只顾自己一个劲儿地表达下去。这是一种非常不明智的做法。

3.说话才是目的，不求对方的理解

做过电台主播的人都知道，播出节目时如果不按照详细设计的脚本走，很快就会陷入一种一直在表达却不清楚自己在说什么的怪圈中。这时不停的说话变成了唯一目的，想到什么说什么，话题也就会不受控制地频繁地发生转换。一些人在平时的表达上也容易出现这样的情况，为了说话而说话，并不求得到对方的理解和赞同。

要做到表达时忠于话题，我们需要对症下药：

1.尽可能让话变短

表达时尽量使用短句，避免结构复杂的长句子。长句子不仅使用起来困难，还容易产生额外的歧义，别人也不容易明白。同时，尽量缩减表达的内容，避免说得太多，产生大

量题外话。文章也不要用大篇幅来写，尽可能言简意赅。

2.表达的时候让自己沉下心来，不要操之过急

在表达时，不要为了说话而说话，宁可说得慢一点，也不要胡说一通。边表达边思考，让自己的思维和心情都保持在一个沉静的状态。围绕主题，用不同的方法去阐述，可以引经据典，也可以用小故事穿插，但万变不离其宗的是，要紧紧与主题相关。

3.改变以自我为中心的习惯

改变以自我为中心的想法，试着站在别人的角度去考虑问题，这时你会发现，自己擅自改变话题，说一大堆与主题无关的内容，其实是一件很失礼的事情。尊重他人的时间和精力，用同理心去平等交流，你就会开始注意自己的表达是否处于正常的轨道上，能否被对方所理解与接纳，也就会进而去思考使用一些合适的表达技巧去促进双方达成共识。在这样日复一日的思维和语言的训练下，表达力的水准才能真正地提高起来。

简单实践法

教你如何忠于话题

主题是表达最基本的核心，我们不妨根据下面的笔记来对照一下自己是否在表达中能够忠于话题。

第6章 做一个有趣的人吧

大家都喜欢有趣的人。在表达中，只有成为有趣的人，别人才会对你要说的内容感兴趣，然后才会愿意听你说。

不要把表达内容
一条条写下来

1.

　　表达是一个自然而然的说话过程，如果将要说的话一条条写下来照着念，会变得机械生硬，也就失去了交流的乐趣。

　　在接受记者采访时，如果看着文稿去回答，会显得十分不自然。主持人在主持晚会时，盯着提字器说话，也会让人感觉缺乏真情实感。同样，我们为了更好地表达而提前准备，本是一件好事，但却很可能因为照本宣科而缺失了表达的真正意义。

　　表达是一个事先准备与临场发挥相互作用的事情，如果一味地按照准备的内容去说，一来你会因为拼命回忆要说的话而变得磕磕巴巴；另一方面，由于你过分执着于已准备的内容，就会对现场临时发生的情况毫无招架之力，没有精力去思考和回应。这样说下去，很难与听者产生良好互动，更别提能达成共识了。

　　说话不是背书，不可能事事都依靠事先的准备。背诵式的表达会让听者也感受到你的不自然，长此以往，不管是对你的表达能力还是对你的自信心都会产生消极作用。

QUESTION 疑问 　演讲时照着稿子念确实显得很呆板，但完全脱稿又太困难，我该怎么改进？

这个人只会照着稿子念，好不自然。

这个人演讲不用稿子，完全现场发挥，感觉真实可信多了。

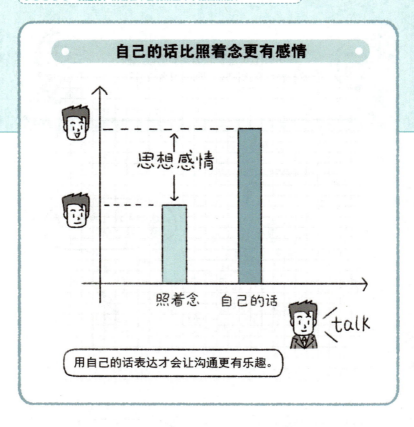

自己的话比照着念更有感情

思想感情

照着念　自己的话

talk

用自己的话表达才会让沟通更有乐趣。

按照写好的内容一条一条地说，会让人感觉你像机器人一样没有思想感情，还会影响你说话时的临场发挥。所以只需要记录大概流程，尽量用自己的话去表达，不要照着念。

在表达之前，明确主题思想，构建好你表达的结构，然后列出你想表达的所有内容的要点，找到它们内在的逻辑联系，从而加深自己的印象。如果你觉得不写下来不放心的话，可以将几个

一步到位地脱稿演讲的确很难，你可以尝试只将大概流程写下来，尽量用自己的话去表达，久而久之就能摆脱对稿子的依赖啦。

最重要的关键词写下来，便于将论点、论据进行归类，也便于自己记忆。

也许你还是会担心，如果不一条条写下来，表达时忘记了某个要点怎么办？其实，这才是锻炼自己说话逻辑的最佳途径。如果每次都依靠背诵要点来表达，长此以往，表达力和思考力都无法得到显著的提升。只有将自己置于一个需要一边思考一边说话的环境中，才能促使自己更加重视表达的内在逻辑联系，从而使自己的表达能力达到一个新的高度。

2. 寻找搭话的契机

一场旗鼓相当的对话，一定是你来我往的，把握好说话的节奏，找到合适的契机去搭话，会更加自然顺畅。

"很多时候，和同学说话都会莫名地没话说，感觉自己是个冷场王。"

"最近我新入职了一家公司，工作时交流还好，但午餐时间的交流却完全插不上话。"

这些问题是不是让你觉得很有共鸣呢？其实，这都是日常表达中十分常见的问题，**觉得聊不下去或是常常冷场，往往是因为说话者和听者的关系不太熟悉，或是彼此了解不够深入**。这种情况会随着时间的推移和交往的深入而好转。**另一个原因就是我们要说的，接话、搭话都没有找到合适的契机。**

搭话时，逻辑要连贯通顺。"隔壁那家的鸭脖特别好吃。""我家楼下新开的烤鸡店打折呢。"这样一下转移了话题，是不是很奇怪呢。如果这样说，"鸭脖辣得确实很爽呢，能与之媲美的就只有烤鸡腿啦。"就显得合适多了。

QUESTION
疑问

很多时候想插话可是一直插不上，也不太好意思打断别人，不知道该怎么办。

没有逻辑的搭话

隔壁的鸭脖特好吃！

我也去试试。

我家楼下新开的烤鸡店打折呢。

是吗？

有逻辑的搭话

确实是，只有我家楼下的烤鸡腿能与之一比了。

隔壁的鸭脖特好吃！

你家楼下新开的店吗？

那我们也去试试吧！

不要从反面介绍自己

印象名片

乐观　友好　做过坏事
爱思考　太多想法
说别人坏话　亲切
· · · · · · · · · ·

Z空间　＞　并不想了解

　　要想寻找合适的搭话时机，首先，要确认正在讨论的话题是什么，以及表达者的立场和观点倾向。对方在说你不了解的领域时，不如在对方停顿的时候把你的不解提出来，问一下细节或引出剧情的问题。在寻找搭话的契机时，也需要注意这么几点：

1.不要发牢骚和说别人的坏话

同事A："好不容易有个周末，还要来加班，太烦躁了。"

如果别人在说你不了解的话题时，可以在对方停顿的时候把你的疑问提出来。如果对方说的是你了解的话题，可以顺着他的逻辑合理表达自己的观点。

这就是一种典型的发牢骚，要记住，这个时候不要为了搭话而跟对方一起发牢骚。

同事B："老王整天倚老卖老，做事情也太不负责了。"

这种情况下，不要跟着他一起去数落老王，你可以说一些中性的话语，尽量去陈述客观事实，而不是表达情感。

2.不要过多地表达自己的主观意见

搭话时，要学着顾及表达者的感受，不要过多加入自己的意见。可以合理地表达自己的观点，但一定要与表达者的陈述内容连接起来，尽量为他找到一个承上启下的转折点。不用为了说话而勉强自己，当你实在不解时，也可以试着提供一些开放性的观点，便于话题的深入和发散。

3.不要从反面介绍自己

搭话时，力求简练，在有限的时间里，如果还从反面介绍自己，只能给对方留下"你的确有你说的缺点"的印象。还是需要遵从一个原则，就是以对方的表达为主。

每个人都有不同的思维方式，产生误解很正常。而一个会表达的人，会善于自省，勇敢地承认错误，说明来龙去脉，这其实也是一种思维的沟通。

向对方说明理由，本质在于找到双方的平衡点，把将要产生的矛盾化解在萌芽状态，或是为已经出现的争论找到共识。说明理由应该以帮助他人理解自己为目标，而不是为了刻意展示自己。那些为了抬高自己而进行的说教式的话语，只会被人一眼识破，留下非常不好的印象。

说明理由时，注意时机的选择，也要分对象进行。面对容易较真的人时，最好详细认真地去表达，态度一定要诚恳；如果是大大咧咧的人，就不需要太严肃和刻板，轻松的说明会更符合对方的口味。同时，选择合适的时机——在适当的时候用恰当的方法去说明。比如重要的事情要第一时间去说明，对方开心的时候去解释会更容易被接受，等等。

QUESTION 疑问　虽然事情的主要责任在于我，但主动去向对方说明理由会不会太没面子了？

晚了几天给你这些资料，抱歉。

难道连个理由也没有吗？

这几天加班加点在忙项目的事情，没有及时给你这些资料。抱歉！

没关系，我理解的。

说明理由而不是辩解

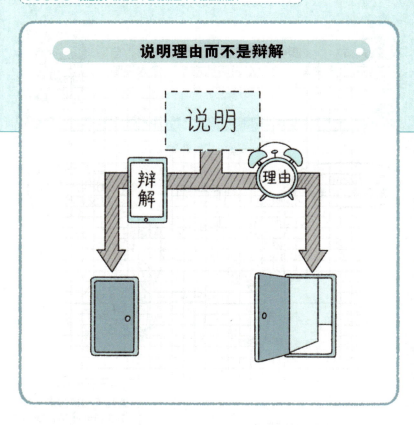

没有人是十全十美不犯错的，而**会表达的人通常很会说理由，因为他们清楚地知道，说好理由才是平息争端、解决问题的最佳途径**。

1.要勇敢地承认错误

在向对方说明理由时，不要带着自以为是的情绪，对于自己犯的错误，勇敢地承认反而更能得到他人的尊重。即便很多时候

勇敢地承担自己的责任，反而更能赢得他人的尊重。

你认为自己没有错，但在他人指出后，也可以把自己的逻辑向对方进行阐述，告诉他们你这种观点或行为形成的原因，去寻求他们的理解。而且，在你放下面子为自己的错误道歉时，反而会让对方感受到你的真诚，也许会因此对你的观点产生认同，为交流带来转机。

2.说明理由，而不是辩解

说明理由的目的是不让同样的问题再次发生。出现问题时，有人喜欢旁征博引为自己辩解，有人选择娓娓道来说出理由。辩解和理由是不同的，辩解是为了自我保护，而理由是为了让对方接纳，理由显然更容易达成积极的结果。另外，不说理由，一味保持沉默也不可取，这会让人觉得是无言的抵抗。

说明理由时，摆明自己的立场十分重要，要让对方知道你和他是一条战线的，而不要让自己站在对方的对立面。同时，不要急于得到谅解，给对方一定的时间去消化，让对方在思考后真正地接纳你的理由。

准备让听者发笑的机关

在表达中，所有的技巧都应该以服务内容为出发点。**说的过程中，设置一些让对方发笑的机关，可以让气氛变得融洽轻松，更加有利于表达和倾听。**

但凡表达力出众的人，都是讲笑话的高手。他们能够不失时机地用几个笑话让人开怀，或是从正在谈论的事情中提炼出笑料，从而达到缓解紧张、活跃气氛、吸引听众的目的。

在表达中加入一些笑话，会让听者得到放松，更有兴趣听下去。要想巧妙地设置发笑机关，有丰富的想象力很重要，在所谈论的话题中发散思维，找到一些笑料，给表达增加趣味，让自己与听者在心理上产生共振。要根据现场的不同气氛，选取那些风格与气氛相吻合的笑话，这样才能不破坏原有的和谐，让整个现场的气氛轻松起来。同时要注意，多说新鲜的笑话，那些深入人心的"老梗"，就不要再用了。因为你刚开始讲开头，听者就已经知道了结尾，那么这个发笑机关的设置就形同虚设，还会让听者觉得你没有新意。

表达是为了把我的观点和想法传递出去，讲不讲笑话真的那么重要吗？

在表达中插入让人发笑的机关能吸引听者。

167

让听者惊喜

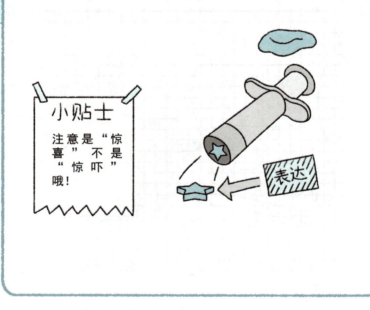

小贴士

注意是"惊喜"不是"惊吓"哦！

表达

　　表达中非常重要的一点是让听者有想听的心情。 如果有了好的内容，但是表达本身不能吸引住听者的兴趣，效果自然也不会好。所以人常说，表达的好坏并不在于说的内容而在于说的人。**让听者有兴趣听下去的方法通常有两个：一是符合听者的兴趣，二是让他感觉惊喜。而准备发笑的机关就是为了让听者惊喜。**

　　令人发笑的机关要从听者的角度出发去准备，因为讲笑话不

表达中非常重要的一点是让听者有想听的心情。设置一些让对方发笑的机关，可以让气氛变得轻松融洽，更加有利于表达和倾听。

是为了自娱自乐，而是为了获得更好的表达效果。同时，在口语化的表达中，一些谐音、字面上理解的笑话，也许就不那么有效，所以要为你设置的笑料找到最好的口头表达形式。

设置发笑机关也有一些小技巧，不宜直接说"我来给大家说个笑话"，最好是抓住当前的话题进行联想和引申，在无形中让听者感受到笑点。一般来说，笑话与话题越契合，笑话的效果就越充分。要结合对方的文化水平、利益角度等，选取那些让听者可以接受的笑话，这样才能更好地产生共鸣。此外笑话还要根据场合去说，注重深刻与肤浅、严肃与轻松的区别。

使用对方能够理解的语言

"为什么有的人在表达时用词特别准确，能让人一听就懂，我却做不到？"

表达的语言必须是清楚准确的，模棱两可的词句会让对方产生不确定的感觉，也就无法达到交流的目的。同时，表达的时候因为没有考虑对方的文化层次、知识背景等，使用了不合适的词句，也会造成对方的理解困难。

例如有些医生会在和病人沟通时，不自觉地使用一些专业术语，没有医学背景的病人自然是不能理解的，并且还会加重病人的紧张情绪。同样地，在职场中，实习生们由于刚刚进入新的环境，对工作中很多事情都不了解。作为耐心的前辈，可以将一些公司内的缩略语、行业内的"黑话"等用通俗的语言表达给他们，方便新人们的快速理解和进步。

人们在说话表达时，是受多项因素支配的，比如知识储备、对话环境、心理因素等。而出现表达时用词不准确的情况，很有可能是因为说话者本身对词语的理解就不够透彻。

QUESTION 疑问 为什么我明明在表达的时候说的是非常简单通俗的词句，可是还是经常有人听不懂呢？

交流中尽量使用对方能够听懂的语言

171

清楚准确的语言

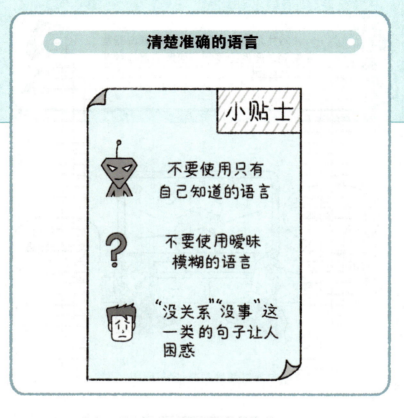

如何避免在表达中出现难懂的语言呢？

1.不要使用只有自己才知道的语言

不同专业、不同圈子的人之间会存在着一些理解的偏差，正如一些年长的人不能理解新兴的网络语言一样，有些语言是属于小众的"黑话"。那些只有自己才懂的语言，是不宜用于日常沟通的。试想如果你在公司开会时说出："这个供货商一再拖延交

因为你概念里面的简单通俗，跟听者概念里的简单通俗不一定是一个标准。你要考虑到对方受教育的程度以及平时的生活环境去斟酌用词。

货的时间，我对他们已经'粉转黑'了。"上了年纪的同事一定会面面相觑吧。

2.不要使用暧昧、模糊的语言

很多人在自己主意未定或是不想承担责任时会使用模糊不清的语言，这其实是一种很不好的表达习惯。不仅无法促使自己拿定主意或摆脱责任，也会让听者很是困扰，还会耽误事情，造成损失。

3."没关系""没事"这一类句子会让人觉得困惑

如果对方的言行在你看来是不对的，如果对方察觉出你的不快和反对，询问你的意见时，"就应该用委婉的语气准确地告知对方。在这里需要注意的是，态度虽然是委婉的，但语意必须是直接的。不要用"没关系""没事"等一类的词句去安慰对方，让对方产生一种"我究竟是对是错？"的困惑感。

6. 对比说明更好懂

有的时候，**一味地解释反而会让人感到困惑，而运用一下对比、类比等方式，让人从差异中领悟到不同点，反而令人印象深刻。**

一位老师在向学生们解释"分解法"时，这样说——分解法其实就是把一个远大的目标拆分为若干具体的小目标。甲乙两人比赛收割小麦，看谁割得快。甲的做法是，先在麦田里插了十面红旗，每隔三米插一面。然后开始收割，由于一面面旗帜代表着一个个并不遥远的目标，因此始终有一种成功在望的感觉，干起来浑身是劲，很快就完成了任务。而乙的田里则没有插小红旗，就一直低着头拼命地割，由于总觉得目标还远，干着干着也就渐渐地有了一种胜利无望的感觉，结果速度慢，失败了。

这样的一个对比说明，让学生们一下子就能明白"分解法"的确有用，它可以使人处在成功在即的希望中，从而充满动力。而如果老师只用甲的例子，没有乙的事例来衬托，说服力就会大打折扣了。

QUESTION
疑问

我在用举例来说明一些事情的时候，听众总是反应平平，要怎么样才能让听者有更积极的反应呢？

分解法就是把一个大目标拆分成几个小目标。

举个例子，甲乙两人比赛收小麦。甲每隔三米插个小旗，充满干劲地做完了。乙一直埋头收，收了很久还是望不到头，失败了。

这就是分解法呀。

明白了。

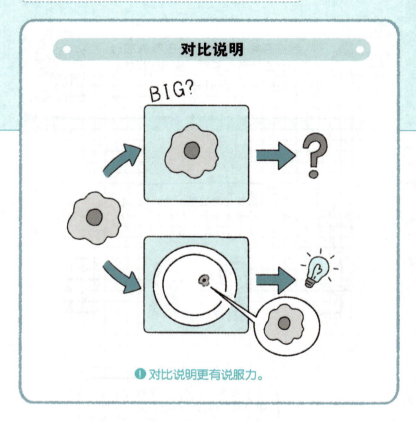

！ 对比说明更有说服力。

　　语言表达，很大程度上可以说是一种"一次性的艺术"，因为对话的这个瞬间是不可复制的，说话者"只能"说一次，听话者也"只能"听一次。所以，要在这"一次"中让人听得明白，就必须要说得好懂，只有通俗易懂了，才能产生亲和力，便于理解，也就更加容易有效果。而说话通俗易懂的技巧之一就是善于使用对比说明。

使用对比说明。比如你要说明一件事情，就先举一个例子，然后再举一个反面例子。通过对比，听者就能很透彻地了解到两边的不同，加深对你要说明的内容的印象。

　　无论是语言表达还是书面表达，对比都是展示不同的最好的方法，比较复杂的概念通过对比会变得特别好懂。**对比的优势在于：两种对应的事物对照比较，会使得其形象更鲜明，让人感受更强烈。**

　　在文学创作中，对比是一种十分常见的表达方式。把具有明显差异、矛盾和对立的双方安排在一起作比较，让人从中分清好坏、辨别是非。比如"政之所兴，在顺民心；政之所废，在逆民心"或是"幸福的家庭都是相似的；不幸的家庭各有各的不幸"，等等。对比说明这种手法，在表达中能够将矛盾和不同彰显出来，突出事物的本质特征，加强表达的效果和感染力。

恰当的例子让表达变得高效

7

一个能使用恰当例子进行表达的人，一定是拥有着高超表达能力的人。 举例说明能更加直观好懂，在表达中，如何将难懂的事情用简单的语言说出来，常常就需要举例的功底了。**事例有两个作用，一个是辅助证明，另一个是便于理解。** 一般来说，在表达一项观点时，使用恰当的例子会使你的表达更加生动易懂，也更加能够佐证你所说的观点。

比如说，在辩论中使用恰当的例子，完全可以"一招制敌"。通常来说，全场只讲逻辑而不举例子，这样的辩论水平是不会高的。不举例子会让你的说服力显得单薄，有事实依据才更能说服别人。而在高水平的辩论赛中，常常一个有力的例子就可以结束一场比赛。辩论是论证和反驳的结合，在反驳的时候，实例比逻辑的效果有时候要好得多。

需要注意的是，在表达中举例，有时会有一种"以偏概全"之感。为了避免这种情况，在使用例子时，注意不要去说那些较为特殊的个例，而要去举一些具有普遍意义的例子。

用事例去解释道理往往容易让人信服，可我总是想不到好的例子，这是怎么回事？

在反驳中，事例往往比逻辑更有效。

举个例子说明我的观点。

179

举合适的例子

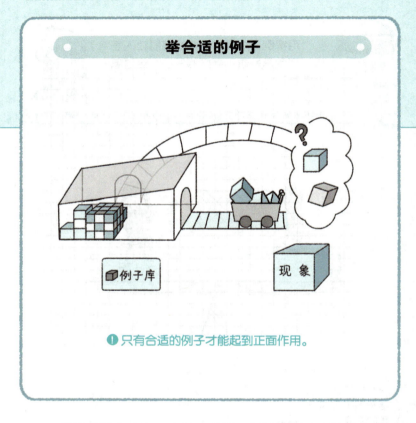

❶ 只有合适的例子才能起到正面作用。

日常的沟通表达中，类比、举例这样的能力，有的来源于天赋，但很大一部分是可以通过后天的训练获得的。**看到一些现象时，多思考与现象对应的例子，久而久之，就能增强自己举例子的能力了。**

这就要求我们平时多锻炼自己的发散思维，多去联想和举一反三，进行实际的转述训炼。转述的时候可以去除事例中无关紧

举例能力主要来自后天的训练和积累。看到一些现象时，多思考与现象对应的例子，久而久之，就能增强自己举例子的能力。

要的部分，把核心内容用精简得当的话重新表达出来。举例之后，你需要仔细观察听者的反应，印证举例的效果，以便不断地改进完善。甚至你还可以请朋友来帮助练习，说说表现好的方面，以及存在哪些不足。

在生活中，尤其是和外行人沟通时，如果需要用到专业术语，便可以试着用举例去表现。举例说明生动易懂，能够将对方脑海里已有的知识和印象，和你要表达的事物和道理联系起来，降低对方的思考成本。

表达中能力的提升，归根结底是思维的培养。类比思维主要靠着先模仿、后创新，多多加大知识储备，在实践中举一反三。勤加练习，你会发现自己的表达变得越来越高效、出彩。

教你如何运用
四种类型思维方式

拿出你的笔，一起动动手，动动脑

　　想要你的表达达到预期效果，需要学会分析听话者的性格，用不同的思维方式去跟不同性格的人沟通。人的性格主要可分为四个类型，我们可以学着用两个轴来划分。

1.先以"主动"与"被动"为一根轴来考虑

　　将"主动"与"被动"这一对性格特征作为一条横轴。一般来说，以自我的需求为出发点，积极谋划的人是主动的，而那些内敛、需要别人催促和鼓励才能去实施行动的人属于被动性格。

2.然后以"感性"与"理性"为轴来思考

　　用"感性"与"理性"这一对性格特征作为纵轴。那些总爱提及内心感受，容易冲动和临时做决定的人，一般来说是感性的；而那些说话喜欢单刀直入，只谈具体事情不谈感情的人，通常是比较理性的。

四类思维方式

3.这两根轴分出的四个象限就是四种类型的性格

这样一来，得到的四个象限分别表示四种不同的性格特征，即主动+感性、被动+理性、主动+理性、被动+感性。

4.分析对方属于哪种类型

主动+感性=活泼型：这一类型的人热情、积极、乐观。

被动+理性=完美型：这一类型的人沉稳、冷静、忧郁。

主动+理性=力量型：这一类型的人阳光、活力、自信。

被动+感性=和平型：这一类型的人和平、温和、淡定。

5.寻找最好的方式进行说明

对应不同的性格，选择不同的表达方式进行沟通。

与活泼型的人沟通，表达中可以加入一定的动作和手势，不要显得呆板生硬。同时，注意多从微观的角度去引导对方，因为这一类型的人不太注重细节，所以，如果达成了某个口头约定，最好在表达后再确认一遍。

与完美型的人沟通，应该注重细节，遵守时间约定，并且尽快地切入表达的主题。表达时，要与对方一样认真，可以适当地多使用一些专业术语和行话，因为这一类型的人很喜欢学术讨论般的严谨氛围，也可以多列举一些具体的事例。在做书面表达时，可以多使用图表说明。

与力量型的人沟通，需要用词准确、反应果断，声音要洪亮，语速可以快一些。力量型的人注重效率和效果，因此表达中必须直接精确，多从事情的结果出发去谈，而不要掺入过多的感情因素。提问时可以多问一些封闭式的问题，这会让对方觉得效率很高。

与和平型的人沟通，需要注意的是氛围的构建。和平型的人更为看重的是双方关系的良好互动，而对结果并不太在意。与他们沟通时，应保持微笑和善意，多用眼神交流。语速不宜过快，注意不给对方压力，要善于鼓励，并不断征求他们的意见。

简单实践法
教你如何运用四种类型思维方式

    根据我们前文提到的四种类型，判断自己在下面象限的哪个位置。

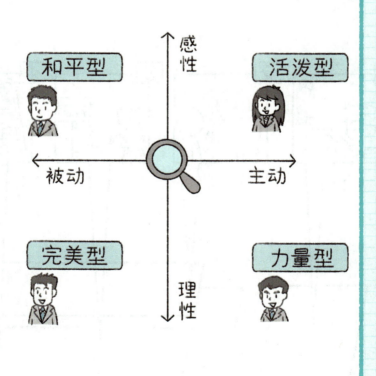

第7章 提高表达力的小窍门

会表达的人不管是在职场还是生活中都能做到游刃有余。我们就来为大家介绍一些小窍门，帮助大家提升自己的表达力。

让自己动人心弦地表达

　　如果你能在表达中注入自己的情感色彩，那么听者会很容易被你感染，沉浸到表达的内容中去，与你产生共鸣。

　　与人沟通时，高谈阔论地讲大道理，听者会很快失去兴趣。而将自己的感情带入到语句中去表达，听者会被你吸引，从而专注地投入到交流中去。让自己充满感情地去表达，很容易形成良好的沟通氛围。感情带来的效果，有时是远胜于大道理的。

　　所以在表达中，需要注重语境的塑造。比如朗读，只有充满感情和角色意识去读，才会让听者感受到文章深厚的魅力。而当讲述某个方案时，如果我们显得激情果敢，富有力量，会让听者感受到我们的自信，自然也会对我们所说的内容更加信服。

　　要让自己的话语富有魅力，就是要充满情感地说话，让表达充满喜悦、悲伤、愤怒、感动等不同的情绪，才能让听者感同身受。

想要使自己的说话、演讲变得更吸引人，能够带动起听众的情绪，我该怎么做?

激情澎湃的表达富有感染力。

用感情扩大表达的效果

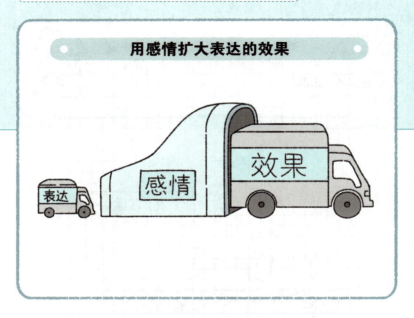

无论是日常的表达还是演讲，如果能让听者很享受的话，成功率就会很高。如果自己都对自己说的话毫无兴趣，那么听者也不会对你的表达产生兴趣。所以，**想要让自己的表达动人心弦的要点就是：如果感受不到表达的意义，就不要去表达。**

如何将自己的感情完美地融入到表达中去呢？

在语言表达方面，最直接的方法是多多实践，在表达中充实自己的情感，以此去调控说话的语音、语调、语速等。演员演戏时，会一边演一边试想自己难受的时候是怎样的，开心的时候又

如果你能在表达中注入自己的情感色彩，那么听者会很容易被你感染，沉浸到表达的内容中去，与你产生共鸣。

是怎样的，等等。因为只有这样，才能让所扮演的角色真实生动，才能打动观众。当然，除了不断的练习，学会真实而勇敢地表达自己，会让你的表达更加真诚。

在使用文字表达时，是很容易产生情绪的错误传达的。文字本身包含的信息量其实只占整个表达信息量的二成左右，所以使用文字表达情感时，应当稍微夸张一下，有六分的情绪就要使出八分的表达，这样才能有五分的传递。 此外，标点符号也是表达情感的一种方式，同样的句子，不同的标点会带来截然不同的效果。

2 用谚语让对方"秒懂"

　　一些**俗语、谚语都是用最浅显的语言去概括一种现象，非常生动形象。**表达中适时地加入一些谚语，能让人会心一笑。很多谚语从产生一直流传至今，不仅为人们所熟知，也对生活有着指导意义。

　　成语、谚语、俗语、歇后语等都是用固定的词组去表示特定的含义。例如"由俭入奢易，由奢入俭难""巧妇难为无米之炊""天下乌鸦一般黑"等，用词简练又十分有特点。谚语这种特殊的语言形式，来源于人们的口口相传。谚语的语言简练生动，寓意深刻，又通俗易懂，因此，很受人们的喜爱。与专业术语不同，谚语是一种通俗化的、大众化的语言，有声有色，在表达中用合适的谚语，会显得生动活泼、诙谐有趣，有着很强的说服力。

经常在聊天中出现不知道该怎么描述的情况，可是别人一个谚语就让我恍然大悟，要怎么做才能像他们一样自如地运用谚语呢？

在日常的表达中适度加入一些谚语，不仅让表达变得简练有趣，更能让你的观点更亲切更有说服力。怎样才能在表达中将谚语信手拈来呢？

1.对谚语保持关注，并把它们收集起来

在生活中，要做个有心人，无论是在读书还是与人交往中，遇到了合适的谚语就收集起来，可以分门别类地记录，例如说话

这个就要靠平常的多积累，多关注生活中遇到的谚语并把它们收集起来，再下意识地在与他人的交流中去操练。

行动类谚语、天气类谚语、关于友谊的谚语、关于团队的谚语等，在需要使用的场合就能调动自己的库存。这样一来，在表达中就可以用谚语丰富自己的对话层次，为交流增色，也更加方便对方去理解和认同。

2.试着去使用那些你觉得合适的谚语

试着去使用你收集的谚语，例如在学习的场合，可以用"学海无涯苦作舟""树不修，不长直；人不学，没知识"等。在判断天气时，可以用"朝霞不出门，晚霞行千里"。在自嘲时可以说"两头都得罪了，我可真是'猪八戒照镜子——里外不是人'啦。"

3.切忌把谚语当作说教的道具

谚语的使用，只是为了让表达增色，促进双方的理解。切忌把谚语当作说教的工具，这样不仅失去了其原本的风趣和深刻，也会让听者觉得厌烦和牵强。在大段的道理和叙述中，适当地加入谚语，就好比饭桌上提味的小菜、冷盘，在表达中不能颠倒主次。

表达出能被接受的理由

表达中的高段位，就是在无形中说服对方，让对方欣然接受你的建议和导向。

说服是一门学问，强有力的说服力不仅使我们获得更多机遇，更能带给我们自信和把控力。在表达中，说出能被对方接受的理由，可以有效地说服别人，达到理想的效果。

在生活中，不同的人不可能具有一样的想法。当我们面对与自己意见不同的人，一种很自然的心理就是想要通过争辩去战胜对方。但这并不是一个明智的选择，因为争论往往不会有积极的结果，双方并不会因为争吵而改变自己原有的想法。**如果你想让听者同意你、赞同你的看法，说出能被对方接受的理由，才是最好的办法。**

说服，可以让双方的想法达成一致。而表达出能被接受的理由，不仅避免双方成为对立方，也是为了让对方接受那些对他们有益却因为种种原因而没被理解的道理。

QUESTION 疑问 交流当中遇到那种容易固执己见、不听劝告的人时，我该怎么去说服他们？

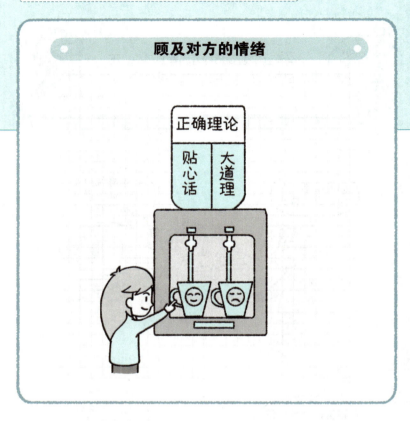

顾及对方的情绪

说服的过程中，要想你的理由被对方所接受，需要注意以下两点：

1.理由在理论上是正确的

想要以理服人，那么首先你的理由应当是正确的，至少在理论上是如此。一个站不住脚的理由不但起不到说服的作用，反而会招致对方的非议，让自己陷入被动。所以要客观地省视自己的

如果你想让听者同意你、赞同你的看法，说出能被对方接收的理由，才是最好的办法。

理由是不是正确，是不是太过偏激或片面，找出其中的不足，尽量使自己的理由客观公正。

2.在理由正确的基础上，考虑对方情绪上能否接受

不要总说大道理，要顾及对方的情绪。因为道理人人都懂，但不总是能够被人接受。人的情绪复杂多变，不同的状态下接受的能力也不同。说服时考虑对方当下的情绪，选用合适的方式去表述理由会更有效果。

在用理由说服对方时，可以情理兼济。动之以情，晓之以义，申之利害，便能收到比较理想的效果。并适当从对方的个性特点出发，或刚或柔有所侧重。以自身的感受经历作为论据会让人身临其境，增加可信度，让对方觉得你的观点确实可靠。

4 如何高明地表达

一场表达，需要起承转合、详略得当。高明的表达方式是将内容进行分化，分模块进行表达。

分模块表达中，可以直接陈述自己的观点或小故事，引起听者的兴趣，展开交流。也可以用提问的方式去引出对方的答案，给出自己的想法并进一步讨论。一般来说，提问是最好的开头方式，抛出一些开放性的问题，可能会引出彼此都感兴趣的话题。

在延续话题、引发话题的模块中，需要把握表达的节奏。要学会在一个表达时段里，只说一个重点。

在表达中增添一些小插曲，会带来新的关注点。可以从内容上新起话题，将关联的话题都串联起来。

表达的结尾就是总结、升华话题。概括整场表达中的信息与观点，向对方进行确认。或把对方的意见进行适度的拔高，肯定其正确性。总之，以对方为中心会让对方觉得在表达中得到了理解和尊重。

我每次想表达一个东西的时候，总是显得很混乱，到最后自己都不太清楚自己在说什么，应该怎么办？

根据杯子注入内容

❶ 注意每个杯子的容量。

　　用起承转合作为我们说话表达的四个步骤，才能条理清晰，意蕴生动。

1.高明的表达是项目分明

　　聪明在表达中，不会含混不清。而是会将各个模块进行精确地分割，逐个准备，逐个击破。

2.现场表达时，根据每个"杯子"的量一点点地注入内容

把要表达的内容分模块进行描述，这样不仅让自己能够清楚把握表达方向，对方也更容易听懂。

根据环境的不同、听者的不同，去选择每个模块该如何有特色地进行。并不是一味地使用一个模板走天下。

3.在内容里面注入"为什么"

在每个模块中，可以适当地加入一个疑问，既让自己反思，也激发听者的积极性和兴趣，获得更多关注和肯定。

在表达中增添一些小插曲，会带来新的关注点。可以从内容上新起话题，将关联的话题都串联起来。

要想成为一个好的表达者，要让对方觉得你思路清晰、逻辑紧密。你谈论的每一个话题都要发挥得淋漓尽致。

指路也能体现你的表达力

在表达中，有一种是教导的方式。即对方对状况一无所知，需要通过你的表达去了解。指路便属于这种情况，这时候的表达一定需要深入浅出。

首先，要用问路者易于理解的语言。比如说方向时，如果是上了年纪的人，可以用东南西北来指出；年轻人的话可以用左右、对面等。其次是重点突出，主次分明。如果有人问××大楼怎么走，那么应该先指出该楼的方向和距离，再具体说直走还是左右转。再次，可以借助特征。例如说出建筑物的颜色或造型——"大门是拱桥形状的，就是那个景点啦。"还有一点是，弄清问路者的意图。如果有人问你最近的超市在哪里，目的只是买瓶水，那么你可以直接指出路边的小卖部。最后，面对问路者，态度需要礼貌而耐心，可以适当地说："不知道我表达清楚了没有？"

可以看出，指路其实是一件大有学问的事，很能体现你的表达力的程度呢。

在街上遇到有人问路，明明我说得很详细了，可为什么对方还是弄不清楚？

你好！请问最近的超市在哪里？

从这里走到第二个路口左拐，再走100米就有××超市。

以问路者立场去指路，才更有针对性。

是的。太感谢了。

你是想买水吗？第一个路口左拐就有小卖部。

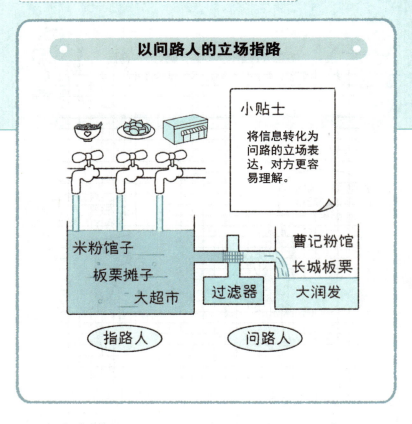

以问路人的立场指路

小贴士

将信息转化为问路的立场表达，对方更容易理解。

米粉馆子
板栗摊子
大超市

过滤器

曹记粉馆
长城板栗
大润发

指路人　　　　　问路人

　　指路的本质是：知道路的你，向不知道路的他人，传输信息的行为。看似非常简单的沟通，却很少有人做得好。最大的原因是：指路要求站在听者的立场来进行说明。自己熟悉的店、标志等，如果不能恰当表达出来，也是无法让问路者获得正确的信息的。所以，要好好把握对方的状况，理解他的困惑、不安在哪里，这在说明时是非常必要的。

指路要求站在听者的立场来进行说明，好好把握对方的状况，理解他的困惑、不安在哪里，才能找到最适合的指路方法。

当你能够站在一个问路者的角度去思考时，就能找到最适合他的指路方法。

例如，对方没有方向感，对于东南西北没有概念。那么，就把这些方位词都改成对方熟悉的表达，将容易引起歧义的地方解释清楚。一条详尽的线路固然重要，但在一些重要的节点还是需要多加提醒。例如某个十字路口需要转弯，不妨把正确方向的地标建筑也说一下，帮助对方确认。

指路时可以画图说明，虽然费事，但很直观。我们还可以说，"走到下个红绿灯处您要是不清楚了，可以再问个人确认一下。"有了这样体贴而周全的提示，对方一定能准确找到想去的目的地了。

轻声让对方向
你敞开心扉

　　表达中的语音、语调、语速都有讲究，为什么电台晚间节目的主持人总是轻声细语呢，那是因为轻声、慢速等因素会让表达者显得更亲近，也更容易打开对方的心门。

　　在表达中，如果需要进入心灵之间的沟通，让关系变得亲切，那么就需要通过一点一滴来加深关系。在心理上、行为上、语言上，让对方感觉到你在真正地关心他，得到对方的信任，才会愿意对你敞开心扉。

　　在表达中，除了肢体动作和语言表达之外，还有语音、语气、语调、语速，甚至说话节奏等细节。作为初学者，需要通过练习来很好地控制它们。普通人为了让自己的表达充满魅力和感染力，就需要从"说话不要永远用同一个声调"做起。

　　表达中，我们要做到抑扬顿挫。随着讲话内容的变化，声音的高低快慢也应有所变化。在让对方敞开心扉的交流中，轻声慢语会缓和气氛，减轻对方的心理压力，效果会更好。

别人经常说我说话都是一个声调，他们听了想睡觉，而且也完全抓不住重点。我该怎么办？

在交谈中要注意控制语音语调。

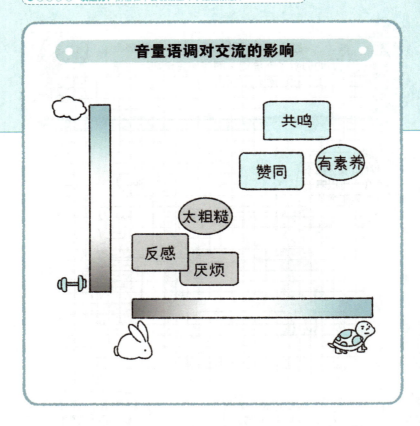

音量语调对交流的影响

共鸣

赞同   有素养

太粗糙

反感   厌烦

　　说话语速比较快时，重要的地方轻声、慢慢地说，给听者考虑的时间，因为语调越轻越容易激发对方的赞同和共鸣。

　　我们将语音语调的使用大致分为四种：高快、高慢、低快、低慢。如果是演讲、辩论类表达，加快语速、提高音量，会表现出你激动的心情。在突出某个重点，显示自己权威时，可以提高声音，同时放慢语速。而如果想制造紧张、悬疑的气

通过改变语音语调来达到想要的效果，比如想要制造悬疑的气氛，就加快语速同时压低声音。如果想要安慰对方，就放慢语速，声音轻柔。

氛，可以加快语速并压低声音。而想要打开对方的心门，进行一场真诚的沟通，可以用低慢的风格，控制音量和语速，显得温和，没有攻击性。

表达注重言之有物，在此基础上，如果想让别人产生共鸣，一定需要学会用同理心去沟通，观察对方的反应，把握自己的节奏感。适当地说慢一点，让人觉得你所说的每一句话都是发自内心，都是经过慎重的思考的，会认为你会对自己的话负责任，是一个可以信赖的人。这样，也就更加容易让对方也用相同的态度对待你了。

巧妙地使用白板

我们说话时可以合理地使用别的物件来进行辅助，其中白板是最常用到的工具之一。巧妙地使用白板，可以帮助我们更好地表达。

在白板上写下关键语，或是进行图解等，主要是为了突出和解释表达中的要点、难点，让表达者和听者更加生动直观地进行交流。用这种方式辅助语言表达，会让交流双方很容易产生认知上的共鸣，达成共识。巧妙地使用白板，其实是通过辅助工具，创造一种图、文、语并茂的情境。这样的讲解，可以把抽象的表达内容变得直观、具体，提高沟通的效率。

使用白板，可以激发出听者的兴趣。正如教师在课堂上，照本宣科很容易显得枯燥、没有重点，利用白板进行图释、勾画，可以大大改善课堂的氛围，提高上课的效率。在进行工作汇报时也是一样，读材料的方式比较单一，如果能配合PPT演示，用图表、关键词等元素来辅助表达，会使你的表达更加有血有肉，更容易打动人。

除了白板之外，还有哪些同类的辅助工具可以帮助我进行表达的？

合理使用白板

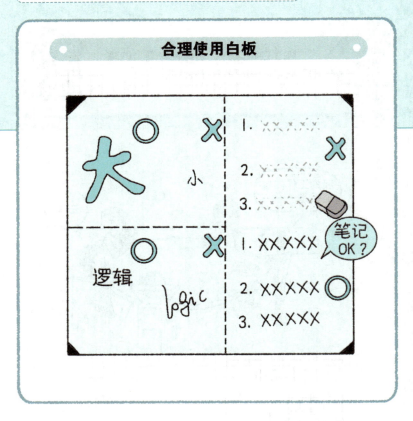

白板等辅助工具可以营造临场感，还能让听者更容易理解。白板虽然好用，但也有一些需要注意的地方。

1.一定要确认听者能看清

利用白板的目的就是想让听者更易懂，如果上面的内容他都看不清楚，那就不会起到作用。比如一间大礼堂中的演讲，主讲人谈兴渐浓时在A4纸上画下了所描述的结构。但这样的图示只能

白板、黑板、PPT，以及一些单独的图表等，都可以很好地把抽象的表达内容变得直观、具体，提高了沟通的效率。

让前几排的人看见，后面的听众是完全看不到的，也就无法起到帮助理解的作用了。

2.白板上的字要让人容易理解

使用白板时，如果上面的图解或关键词比较繁杂难懂，那就根本无法起到直观的效果。正如解释商品的作用时，如果写的都是专业术语，甚至是英文或英文缩写，一般的客户肯定只会越看越不明白。

3.擦掉之前一定要考虑做笔记的人的速度

白板、黑板、图示等能让表达的重点形象化、具体化，但是也要保证听者能够记下、理解。如果看到听者在做笔记，那么擦掉之前最好确认听者的进度："这一页都记下了吗？都记好了的话我们就继续下一个知识点了。"这样，白板的作用也就能充分发挥出来了。

教你如何
提出建议

拿出你的笔，一起动动手，动动脑

在表达中，我们常常会在结尾时进行总结，给对方一些建议。在给对方建议时，不要抱着指出错误的态度。这样会让对方觉得自己的所作所为都被你全盘否定了，或者认为你在故意挑事，产生抵触心理。因此，建议的时候要注意方式方法，用平和的语气，做到谦虚温和、恭敬有礼，这样才更容易让对方接受，也让双方的关系保持一个良好的走向。

1.改善点不要用抽象的方式说出来，要用具体的语言和行为传达

在指出需要对方改善的部分时，应该用具体的语言和行为去表达，而不是模糊笼统，泛泛而谈。因为明确具体地说出改善点，可以帮助对方清楚地认识自己的不足之处在哪里，是什么，不至于产生疑惑和误解。我们甚至可以用具体的行为去表达，这样做会更为直观有效。例如，家长想要教育年幼的孩子培养起爱整洁的习惯，那么就可以

提出建议的秘籍

言传身教，先自己做出整理的示范动作，再告知孩子该怎么做是更好的。

2.先说一个，最多说到两个就停下来

给建议的另一面，其实就是对方在这个部分做得不够好。认识到这一点后，我们就要学会站在对方的角度去考虑了。每个人都希望得到肯定和认同，因此，给建议的语气即使再委婉，也会让人感觉到是在说自己的不足。在这样的心理下，我们就需要少说建议，两个建议是上限了。说多了，对方不一定能记住、能接受，还容易产生逆反的心理。一般来说，一次表达只说一个建议是最好的，围绕一个主题说得透彻深刻，才更加能说服对方。如果还想提另一个建议，可以找出与第一个建议相关的部分进行完美地转折过渡。

3.告诉对方希望他改善的理由

无论是家长对待孩子，还是老师对待学生，抑或是上司

对待下属，每一次建议的背后，都是希望对方能够按照自己的想法去改善。那么，在告知对方该怎么做的基础上，说出你的理由，便于让听者产生共鸣。沟通，其实是双方都能站在对方的角度上去理解对方，才能达到好的效果。如果能让听者明白表达者提建议的目的是为了他自己好，那么一定会欣然接受你的建议，并且在心理上更加亲近你。

要知道，我们在表达中提意见，目的是要建立起信赖关系。因此，无论是给对方建议，还是指出对方错误的地方，目的都是为了帮助他进行自我完善，从而更好地去完成共同的目标。

一起讨论关于表达力的小经验吧！

感谢大家和我们一起学习到最后。希望这本书的知识和小技巧大家都能运用到生活和工作中去。下本书再见啦！扫描右边的二维码进入讨论群，我们会不定期为大家分享不一样的干货。

简单实践法
教你如何给对方建议

　　本章节的内容大家都掌握好了吗？尝试把以下表格运用到实际的提建议中去吧！

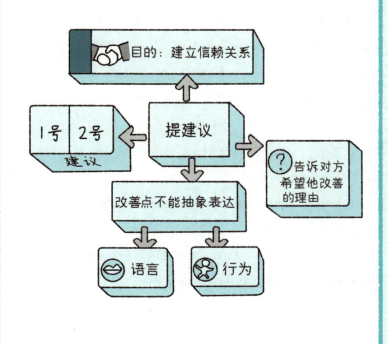

主要参考&引用

[1]上田正仁．『伝え方が9割』[M]．東京：ダイヤモンド社，2016：
45

[2]池上彰．『伝える力』[M]．東京：PHPビジネス新書，2007：45-
48

[3]安田正．『超一流の雑談力』[M]．東京：文響社，2015：56-58

[4]野口敏．『誰とでも 15分以上 会話がとぎれない！話し方 66のル
ール』[M]．東京：すばる舎，2009：46-52

[5]岩井 俊憲．『アドラー流 人をＨａｐｐｙにする話し方』[M]．
東京：王様文庫，2015：62-67

[6]五百田達成．『察しない男 説明しない女 男に通じる話し方 女
に伝わる話し方』[M]．東京：ディスカヴァー・トゥエンティワン，
2014：7

[7]秋竹 朋子．『「話し方」に自信がもてる 1分間声トレ』[M]．東
京：ダイヤモンド社，2016：19

[8]山田ズーニー．『あなたの話はなぜ「通じない」のか』[M]．東
京：ちくま文庫，2006：50-52

[9]吉田照幸．『「おもしろい人」の会話の公式 気のきいた一言が
Relationships to Referrals [M].USA:BenBella Books, 2014:6

更多系列图书值得收藏！

图解倾听力
快速提高你的职场人气度
● **速溶综合研究所** 著

内容推荐

能说会道的人不一定是成功者，沟通除了"说"还有"听"。除了用"说"的方式表达自己以外，会倾听他人的听者也一定能很快获得他人的信任。

那么什么是倾听？为什么人们更喜欢"说"而不是"听"？

通过这本书，我们会揭秘在日常工作当中如何利用"倾听"引起对方的共鸣并真正地说服对方。

图解思考力
快速收获49个思考锦囊
● **速溶综合研究所** 著

内容推荐

你是否会有这样的时候？——明明是一个很简单的问题，但是想破脑袋也找不到破解的方法。这种问题的出现往往是因为采用了贯性思维方式，而没有考虑去换个角度想问题。如何跳出固有的思维模式，尝试新的思考方法，是需要不断地去学习和开发的。当你跳出了这个固有的"怪圈"，也许就会获得意想不到的结果！

图解习惯力
快速教你3周制造新习惯
● 速溶综合研究所 著

内容推荐

　　习惯是我们刻意或深思后做出的选择，即使过了一段时间不再思考却仍继续、每天都在做的行为。人每天的活动中，有超过40%是习惯的产物，而不是自己主动的决定。这些习惯综合起来却对我们的健康、效率、个人经济安全以及幸福有着巨大的影响。

图解对话力
快速做到30秒内说到点
● 速溶综合研究所 著

内容推荐

　　你是沉默的理工男、羞涩的工科女还是口才了得的文科生？无论属于哪一类型，作为初入职场的新人想要在职场中一帆风顺，除了要努力工作，还需要学会说话，话说好了，人缘也不会差。职场新人在职场中究竟该如何说话呢？让本书为大家进行解答。

图解整理力
快速学会49种整理技能
● 速溶综合研究所 著

内容推荐

　　你在工作中有没有遇到这种情况：明明记得东西放在桌上，却怎么都找不到；办公桌总是乱成一团，工作环境十分恶劣；工作上总是喜欢拖拉，面对重要的工作却提不起精神……如果你有上述任何症状，那么阅读此书后，所有问题将迎刃而解！